당신은 성령님을 인격적으로 무시하지 않는가?
성령님께 말을 걸고 존중히 모시고 다니라.
"성령님, 함께 가시지요"라고 말하라.

성령님을 존중히 모시고 살라

김열방 김사라 이순귀 지음

[머리말]
성령님은 당신에게 존중받기를 원하신다

당신은 성령님을 인격적으로 존중히 모시고 삽니까?
나는 매사에 성령님을 인격적으로 존중히 모시고 삽니다.
나는 어디를 가든지 성령님께 이렇게 말씀드립니다.
"성령님, 함께 가시지요."
그리고 어떤 일이든지 주인이신 성령님께 묻습니다. 성령님께 묻고 그분의 음성을 들은 후에 순종한 것은 좋은 결과가 나왔지만 내가 머리를 굴리며 재빨리 처리한 것은 실수가 많았습니다.
당신도 혹시 성령님을 인격적으로 무시하고 혼자서 모든 일을 처리하고 난 뒤에 후회하지 않습니까? 그런 습관을 바꾸십시오.
"성령님께 물어볼 걸. 성급하게 일을 처리했네."
성령님께 물으면 그분은 세미한 음성으로 말씀하십니다.

성령님은 지성과 감정과 의지를 가진 인격자이십니다.

성령님은 당신에게 인격적으로 존중받기를 원하십니다.

성령님은 단순한 힘이나 기운, 신비한 물질이 아닙니다.

성령님은 하나님이십니다. 우주 만물을 창조하신 창조주 하나님이십니다. 성령님은 아버지의 영이고 예수의 영이십니다.

성령의 나타남을 통해 방언과 예언을 하는 것도 중요하지만 그보다 더 큰 것이 있습니다. 바로 성령님을 인격적으로 대면하는 것입니다. 성령님을 인격적으로 존중히 모시는 것입니다.

이사야 선지자는 성령님에 대해 이렇게 표현했습니다.

"여호와의 영이 그들을 골짜기로 내려가는 가축 같이 편히 쉬게 하셨도다. 주께서 이와 같이 주의 백성을 인도하사 이름을 영화롭게 하셨나이다."(사 63:14)

성령님은 우리의 삶을 인도하시는 여호와의 영이십니다. 다윗은 여호와의 영이신 성령님을 인격적으로 존중히 모셨습니다.

첫째, 다윗은 성령님의 얼굴을 대면했습니다.

"나는 의로운 중에 주의 얼굴을 뵈오리니 깰 때에 주의 형상으로 만족하리이다."(시 17:15)

둘째, 다윗은 성령님과 마음으로 친밀하게 대화를 나눴습니다.

"'너희는 내 얼굴을 찾으라' 하실 때에 내가 마음으로 주께 말하되 '여호와여, 내가 주의 얼굴을 찾으리이다' 하였나이다. 주의 얼굴을 내게서 숨기지 마소서."(시 27:8~9)

셋째, 다윗은 성령님을 인격적으로 존중히 모셨습니다.

"내가 여호와를 항상 내 앞에 모심이여, 그가 나의 오른쪽에 계

시므로 내가 흔들리지 아니하리로다."(시 16:8)

나는 20세에 성령을 체험하고 방언을 받았습니다. 그리고 23세에 군대에 갔는데 그때 첫 휴가를 나와 집 앞 공원을 산책하던 중 성령님을 인격적으로 대면했습니다. 이것은 단순히 부분적으로 성령의 나타남을 체험하는 것 그 이상이었습니다.

성령님의 전 존재가 내 앞에 선명하게 나타난 것이었습니다.

성령님의 얼굴이 내 앞에 실제로 있는 것처럼 생생했습니다.

그때 성령님께서 세미한 음성으로 내게 말씀하셨습니다.

"나는 모든 사람과 인격적으로 교제를 나누길 원한다. 하지만 많은 사람들이 나를 인격적으로 무시하고 자기 혼자서 생활한다."

나는 큰 감동을 받으며 회개했습니다. 그리고 말했습니다.

"그동안 죄송했습니다. 오늘부터는 성령님을 인격적으로 존중히 모시겠습니다. 제 온 마음을 다해 성령님을 사랑합니다."

며칠 후에 나는 부대에 복귀했습니다. 하지만 나 혼자가 아니었습니다. "성령님, 함께 들어가시지요"라고 말씀드리며 성령님을 존중히 모시고 그분과 함께 부대에 들어갔습니다. 그날로부터 군대 생활은 생기가 넘쳤습니다. 크신 성령님을 모시자 더 이상 두려운 사람이 없었습니다. 군 생활이 기쁘고 즐거웠습니다.

아침에 일어나면 나는 미소를 지으며 인사를 드렸습니다.

"성령님, 안녕하세요? 행복한 아침입니다."

하루 일과를 시작하면서 모든 부분에 성령님을 인정하고 존중히 모셨습니다. "성령님, 함께 가시지요."

나는 모든 장소에 성령님을 모시고 다녔습니다.

작은 목소리로 중얼거리며 모든 일을 그분께 물었습니다.
"성령님, 어떻게 할까요?"

26세에 제대한 후에 신학교에 복학했습니다. 그때도 여전히 성령님을 인격적으로 존중히 모셨습니다. 그러자 성령님의 인도하심으로 신학교에서 김사라를 만나 결혼하게 되었습니다. 성령님을 존중히 모시자 전국과 세계를 다니며 부흥회를 인도하고 수많은 책을 써내게 되었습니다. 서울 잠실로 와 교회를 개척하여 행복한 목회를 하게 되었고 단칸방에서 시작했지만 넓은 아파트를 사서 이사했습니다. 모두 성령님을 존중히 모신 결과입니다.

지금까지 나는 변함없이 성령님을 내 삶에 존중히 모시고 있습니다. 성령님은 나를 행복하게 하셨고 지혜롭고 부요하고 강하게 하셨습니다. 성령님을 모시는 삶, 이것보다 귀한 것은 없습니다.

당신도 성령님을 모시면 행복하고 지혜롭고 부요해집니다.

이 책을 읽고 성령님을 존중히 모시고 살기 바랍니다.

이것은 의도적으로 실천해야 하는 것입니다.

성령님은 저 멀리 계시지 않습니다.

당신 안에 가득히 계십니다.

당신을 덮고 계십니다.

그분을 사랑하십시오.

2017년 11월 1일

김 열 방

[목차]

머리말 : 성령님은 당신에게 존중받기를 원하신다 / 3

1부. 당신은 성령님을 존중히 모시는가? / 김열방

성령님이 아니었다면 어떻게 되었을까? / 13
나는 성령님을 귀빈처럼 존중히 모신다 / 14
성령님, 저를 인도해 주셔서 감사합니다 / 16
나는 하루 종일 성령님과 함께 숨 쉰다 / 17
성령의 나타남을 뜨겁게 사모하고 구하라 / 18
성령님을 모시면 설교가 줄줄 나온다 / 20
성령님께 문제를 부탁하면 쉽게 해결된다 / 23
성령님께 필요를 부탁하면 다 채워 주신다 / 25
성령님이 우리의 모든 쓸 것을 채우신다 / 26
다윗처럼 성령님을 존중히 모시고 살라 / 31
성령님은 얼마나 크신 분인가? / 33
나는 성령님의 도우심으로 몸매가 날씬해졌다 / 35
나는 성령님의 도우심으로 부요해졌다 / 38

2부. 성령님을 모시면 재정의 기름 부음이 넘친다 / 김열방

아브라함은 은금과 육축과 노비가 많았다 / 43
당신도 하나님께 드린 것의 백배를 받는다 / 44
당신 안에 하나님의 지혜가 가득하다 / 45
성령님을 인격적으로 존중히 모시라 / 47

현실 안주하지 말고 더 큰 꿈을 가지라 / 49
부정적인 생각은 1초도 하지 마라 / 52
부정적인 말은 한마디도 하지 마라 / 54
성령님을 모시면 흔들리지 않는다 / 57
두려움이 없으면 무엇이든 할 수 있다 / 59
당신 안에 큰 생명이신 예수님이 계신다 / 60
가난을 끊고 부요 믿음을 대물림하라 / 63
더 큰 지혜가 필요하면 하나님께 구하라 / 64
천재의 위치에서 럭셔리 칼라의 삶을 살라 / 65
하나님은 당신에게 큰 가치를 부가하셨다 / 67
날마다 더 큰 꿈을 꾸며 가슴 뛰는 삶을 살라 / 69
당신도 책을 쓰겠다는 꿈을 가지고 도전하라 / 71
당신은 하나님의 장수 유전자를 갖고 있다 / 72
작은 돈 문제 때문에 궁상떨지 마라 / 73
시간이 많다, 돈이 많다고 말하라 / 75
어릴 때 일류를 경험하면 평생 일류로 산다 / 77
예수님을 믿으면 인생이 백배로 풍요해진다 / 80
당신은 그리스도 안에서 존귀한 사람이다 / 84
당신 안에 하나님이 선물로 주신 의가 있다 / 85
당신 안에 하나님이 선물로 주신 성령이 있다 / 88
당신 안에 하나님이 선물로 주신 건강이 있다 / 90
머리카락이 안 빠진다고 말하라 / 92
아프다고 사람의 동정을 구하지 마라 / 93
당신 안에 살아 계신 예수님은 대단한 분이다 / 95
다 나았다고 믿고 정상적으로 생활하라 / 98
사람의 말에 휘둘리지 말고 성령님께 물어라 / 99
부정적인 말과 사람과 사건은 다 지나간다 / 100
당신은 100조 원 이상의 존재 가치가 있다 / 102
남편 흉보지 말고 좋은 점만 이야기하라 / 103
보상 심리를 버리고 지금 부요를 누려라 / 107
산책할 때 가장 좋은 옷을 꺼내 입어라 / 112
넓은 집에서 살고 좋은 차를 몰고 다니라 / 114
이전과 다른 삶을 살겠다고 결심하라 / 116
받았다는 믿음으로 감사 기도를 하라 / 118
사랑하는 마음은 천조 원보다 귀하다 / 119

사랑하는 사람의 기념일에는 돈을 아끼지 마라 / 121
부를 창출해 내는 10퍼센트의 인물이 되라 / 123
힘든 티를 내지 말고 부요 믿음으로 살라 / 125
사람을 의지하지 말고 자급자족하라 / 127
하나님 아빠는 우주의 재벌 총수다 / 129
더 좋은 집으로 이사한다는 꿈을 가지라 / 130
하나님의 나라의 부요는 당신 안에 있다 / 133

3부. 성령님을 모시고 가서 등진 사람을 만나라 / 김사라

등진 사람을 용서해야 복의 문이 열린다 / 137
당신은 등진 사람보다 더 많은 복을 받았다 / 139
미운 마음을 품는 것은 가시를 품는 것과 같다 / 142
사람에게 묻지 말고 성령님의 코치를 받으라 / 144
미움이란 불을 품으면 당신의 옷이 다 탄다 / 145
그리스도 안에 있는 사람은 모두 의인이다 / 148
당신 안에 계신 하나님은 용서의 하나님이다 / 151
용서하지 않는 사람은 종교인에 불과하다 / 156
비는 기도를 하지 말고 믿음의 기도를 하라 / 160
억만 번이나 원망하지 말고 억만 번이나 감사하라 / 163
미움을 품고 있으면 몸에 병이 생긴다 / 165
남편에 대해 너그러운 마음을 가져라 / 167
너희 관용을 모든 사람들에게 알게 하라 / 171
오줌 세 방울이 튀었다고 이혼하는 사람도 있다 / 172
사흘 후에 잔소리하겠다고 생각하라 / 174
등진 사람을 용서하면 공황 장애가 낫는다 / 177
사람은 누구나 서로에게 크고 작은 상처를 준다 / 181
그리스도 안에 있는 의인인 형을 용서하라 / 183
등진 일이 있으면 그 사람을 용서해 주라 / 185
시기 질투를 받으면 등지게 된다 / 187

4부. 성령님을 모시고 살며 하루 종일 감사하라 / 이순귀

나는 중학교 2학년 때 예수님을 만났다 / 192
나는 지난 10년간 많은 어려움을 겪었다 / 193
나는 매일 하나님께 억만 번이나 감사한다 / 197
나는 내면에서 성령님과 친교를 나눈다 / 200
나는 자녀들에게 믿음의 유언을 남겼다 / 203
나는 만남의 축복을 통해 지경이 넓어졌다 / 205
나는 목회하면서 성령님의 음성을 듣는다 / 207
나는 성령님과 교제하는 습관을 들였다 / 208
세상에서 가장 귀한 복지는 영혼 구원이다 / 209
나는 책을 통해 전도와 선교의 지경을 넓혔다 / 211
가을의 문턱에서 성령님의 음성을 듣다 / 212
당신도 나처럼 하나님을 만나고 싶습니까? / 213

내가 여호와를 항상 내 앞에 모심이여
그가 나의 오른쪽에 계시므로 내가 흔들리지 아니하리로다.
시편 16:8

I have set the LORD always before me.
Because he is at my right hand, I will not be shaken.
Psalms 16:8

성령님을 존중히 모시고 살라. 제 1 부 - 김열방
당신은 성령님을 존중히 모시는가?

당신은 성령님을 인격적으로 존중히 모십니까?

나는 모든 일에 성령님을 인격적으로 존중히 모십니다.

성령님은 나의 애인이요 친구요 주인이요 코치입니다. 한마디로 말하면 성령님은 나의 전부입니다. 나는 성령님을 사랑합니다.

성령님이 아니었다면 어떻게 되었을까?

성령님이 아니었다면 내 인생은 어떻게 되었을까요?

아마 지금의 행복하고 부요한 삶은 전혀 없었을 것입니다.

나는 나를 구원하신 성령님, 나를 변화시키신 성령님, 나를 인도하신 성령님께 억만 번이나 감사합니다. 성령님이 아니었다면 지금쯤 내 인생은 밑바닥의 가장 비참한 삶을 살고 있을 겁니다.

성령님이 아니었다면 죄와 목마름, 병과 가난, 어리석음과 징계와 죽음 가운데 비참한 인생을 살고 있을 겁니다. 성령님이 나를 찾아오셨고 나를 거듭나게 하셨고 내 인생을 바꾸셨고 나를 인도하셨기 때문에 내 인생이 행복하고 건강하고 부요해졌습니다.

성령님은 내 안에 한강처럼 넘치는 기름 부음으로 들어와 계십니다. 내 안에서 날마다 생수의 강이 철철 넘쳐흐르고 있습니다.

나는 성령님을 귀빈처럼 존중히 모신다

성령님은 내게 어떤 놀라운 일을 행하신 걸까요?

무엇보다 성령님은 나로 하여금 거듭나게 하셨습니다.

성령님이 내 영혼을 거듭나게 하지 않았다면 어떻게 되었을까요? 나는 영원히 죄와 저주 가운데 살아야 했을 겁니다.

거듭나지 않았을 때 나는 영혼이 하나님의 생명에서 떠나 있었고 우상을 숭배했고 죄의 종이었고 진노의 자식이었으며 하나님과 원수 된 상태였습니다. 그런 내가 성령님의 능력으로 거듭나 하나님의 자녀가 된 것입니다. 이 얼마나 놀라운 은혜입니까?

예수님은 "사람이 거듭나지 않으면 하나님의 나라를 볼 수 없다"(요 3:3)고 하셨습니다. 당신은 진정으로 거듭났습니까?

나는 어릴 때부터 교회를 다녔지만 거듭나지 못했습니다.

그런 죄인이고 연약하고 경건치 못한 내게 성령님이 찾아오셔서 예수를 주님이라 시인하게 하셨고 거듭나게 하셨습니다. 성령님은 지금 내 마음의 보좌에 왕과 주인님으로 앉아 계십니다.

나는 하루 종일 성령님을 귀빈처럼 존중히 모시고 삽니다.

나는 열두 살에 예수님을 만났습니다. 그리고 스무 살에 길을 걷던 중 성령의 나타남을 체험했습니다. 성령님이 나를 감동하시므로 나는 교회에 들어가 바닥에 엎드려 회개했고 방언을 비롯한 여러 가지 은사를 받게 되었습니다. 성령님이 아니었다면 내가 예수님을 구주로 믿고 거듭날 수 있었겠습니까? 성령님이 아니었다면 내가 권능을 받고 하나님의 종이 될 수 있었겠습니까?

모두 성령님 덕분입니다. 나는 가는 곳마다 만나는 사람마다 성령님을 자랑합니다. 그런 내게 사람들은 "왜 자꾸 성령님을 내세우느냐?"고 핀잔을 줍니다. 그러면 나는 "당신은 성령님 없이 지금의 당신이 있다고 생각하십니까?"라고 되묻습니다. 그때서야 사람들은 자기 안에 계신 성령님을 돌아보고 이렇게 말합니다.

"그렇군요. 성령님 때문에 내 인생이 바뀐 거였군요."

많은 사람들이 성령님의 은혜는 물에 새기고 인간의 은혜는 돌에 새깁니다. 성령님의 은혜를 가슴에 깊이 새겨야 합니다. 그리고 매사에 은혜의 성령님을 존중히 모시는 삶을 살아야 합니다.

"하물며 하나님의 아들을 짓밟고 자기를 거룩하게 한 언약의 피를 부정한 것으로 여기고 은혜의 성령을 욕되게 하는 자가 당연히 받을 형벌은 얼마나 더 무겁겠느냐? 너희는 생각하라."(히 10:29)

지금 당신과 함께 계신 성령님께 이렇게 말씀드리기 바랍니다.

"사랑하는 성령님, 저에게 은혜를 베풀어 주셔서 감사합니다. 성령님 때문에 제가 예수를 구주로 믿어 모든 죄를 사함 받고 거듭나 하나님의 자녀가 되었습니다. 성령님이 아니었다면 제가 예수를 믿고 구주로 시인하지 못했을 것입니다. 모든 것이 성령님의 지극히 크신 은혜 때문입니다. 성령님, 감사합니다."

성령님, 저를 인도해 주셔서 감사합니다

당신은 성령님의 은혜를 망각하지 않았습니까?
성령님의 은혜를 망각한 사람은 돼지보다 못한 사람입니다.
"개가 그 토하였던 것에 돌아가고 돼지가 씻었다가 더러운 구덩이에 도로 누웠다 하는 말이 그들에게 응하였도다."(벧후 2:22)
성령님의 은혜가 아니었다면 지금의 당신은 없습니다.
시편에도 "존귀하나 깨닫지 못하는 사람은 멸망하는 짐승 같도다"(시 49:20)라고 했습니다. 당신이 예수님을 구주로 믿고 있다면 당신 안에 가득히 계신 성령님이 당신에게 그동안 베풀어주신 귀한 은혜를 깨닫고 기억하고 소중하게 여기고 감사해야 합니다.
"성령님, 저를 인도해 주셔서 감사합니다"라고 말하십시오.
나는 이 책을 통해 내게 베푸신 성령님의 은혜를 다시 한 번 기억하고 종이에 큰 활자로 새겨 놓으려고 합니다. 당신도 성령님의 은혜를 기억하기 바랍니다. 그분의 은혜에 감사하기 바랍니다.
나는 성령님을 정말 좋아하고 사랑하고 자랑스럽게 여깁니다.

"나는 성령님을 좋아한다. 성령님은 나의 자랑이다."

나는 그동안 사람들이 뭐라 하든지 개의치 않고 변함없이 성령님에 대해 책을 쓰고 설교하고 부흥회를 인도했습니다. 내 삶의 전반에 걸쳐 성령님을 존중히 모셨고 모든 만남 속에 그분을 나타냈습니다. 나는 성령님과 함께 먹고 마시고 자고 깨고 숨 쉬었습니다. 모든 일을 그분과 동업했습니다. 그분을 앞장세웠습니다.

"성령님, 이 일을 어떻게 하면 좋을까요? 부탁합니다."

그렇게 말씀드리면 나의 성령님이 실제로 삶의 현장에 강하게 임하셔서 내 대신 모든 문제를 직접 처리해 주셨습니다.

나는 성령님이 좋습니다. 왜냐고요? 그냥 다 좋습니다.

사실 성령님이 좋은 이유를 대자면 끝도 한도 없습니다.

무엇보다 성령님이 나를 거듭나게 했기 때문에 내가 흑암의 권세에서 벗어나 하나님의 자녀가 될 수 있었습니다. 성령님 때문에 나는 그리스도 안에서 의인이 되었고 영원한 생명, 새 생명, 큰 생명을 얻을 수 있었습니다. 행복한 사람이 되었습니다.

그래서 나는 날마다 숨 쉬는 순간마다 "성령님, 사랑합니다"라고 고백합니다. 하루에도 수백 번 고백합니다. 잠자리에 들 때, 잠자는 내내, 그리고 잠에서 깰 때도 "성령님, 사랑합니다"라고 고백합니다. 성령님은 나의 전부이십니다. 성령님은 내 인생입니다. 성령님을 사랑하는 것은 나의 호흡과도 같습니다.

나는 하루 종일 성령님과 함께 숨 쉰다

나는 하루 종일 성령님과 함께 숨 쉽니다.

나는 호흡하면서 '성령님, 사랑합니다'라고 마음으로 말합니다. 숨을 들이킬 때 마음으로 '성령님' 하고 부르고 숨을 내쉴 때 '사랑합니다'라고 말합니다. 나는 성령님을 억만 번이나 사랑합니다.

'성령님, 성령님' 하고 마음속으로 계속 부릅니다. 그러면 성령님의 세미한 음성이 순간마다 자동으로 내 마음 속에 들려옵니다.

'아들아, 그건 이렇게 처리하면 돼.'

'이제 그만하고 멈춰라. 그만.'

'잘했다. 내가 잘했다면 잘한 거야.'

'내가 너를 좋아한다.'

성령님은 세미한 음성으로 계속 내게 말씀하십니다.

사도행전 17장 28절에 "우리가 그를 힘입어 살며 기동하며 존재하느니라. 너희 시인 중 어떤 사람들의 말과 같이 우리가 그의 소생이라 하니"라고 말한 것처럼 나는 성령님을 힘입어 살며 기동하며 존재합니다. 성령님이 없이는 내 인생을 설명할 수 없습니다. 내 인생은 시작도 과정도 끝도 다 성령님으로만 설명될 수 있습니다. 당신도 그렇지 않습니까? 성령님을 사랑하십시오.

성령님은 당신 안에 조금 계신 것이 아니라 생수의 강으로 가득히 들어와 계십니다. 한강처럼 철철 흘러넘치고 있습니다.

"나를 믿는 자는 그 배에서 생수의 강이 흘러나리라."(요 7:38)

성령의 나타남을 뜨겁게 사모하고 구하라

성령님은 내게 각양 좋은 은사를 주셨습니다.

성령의 은사는 곧 '성령님의 나타남'입니다. 성령님이 내 안에 한강처럼 가득히 계셔도 바깥으로 나타나지 않으면 내 마음만 행복할 뿐 다른 사람에게는 아무 영향을 끼치지 못합니다.

하나님의 일을 하는데 있어 성령의 나타남은 절대적입니다.

성령의 나타남 없이 설교하는 사람은 불쌍한 사람입니다.

성령의 나타남이 없이 자기 힘으로 설교 한 편을 준비하겠다고 온갖 주석과 사전, 철학책과 명언과 예화집을 산더미처럼 책상 위에 쌓아놓고 서재에 들어박혀 밤을 새는 사람이 정말 많습니다. 그런 철학적인 설교, 명언과 예화 짜깁기 설교를 듣는 성도들은 참으로 불쌍합니다. 오순절에 성령을 받은 사도들과 집사들은 그렇게 짜깁기한 원고를 읽으며 설교하지 않았습니다. 베드로와 바울, 스데반과 빌립은 성령을 힘입어 강력하게 설교했습니다. "하늘로부터 보내신 성령을 힘입어 복음을 전하는 자들"(벧전 1:12)이라고 했습니다. 당신은 주일마다 어떻게 설교하고 있습니까?

오늘부터 성령의 나타남을 뜨겁게 사모하십시오.

성령의 나타남은 왜 주실까요? 유익하게 하려 하심입니다.

"각 사람에게 성령을 나타내심은 유익하게 하려 하심이라."

성령의 은사는 21가지나 됩니다. 여기에서 대해 자세히 알고 싶으면 내가 쓴 책〈6000년 명문가의 믿음의 비결〉이란 책을 구입해서 읽으면 됩니다. 그 중에 아홉 가지는 다음과 같습니다.

"어떤 사람에게는 성령으로 말미암아 지혜의 말씀을, 어떤 사람에게는 같은 성령을 따라 지식의 말씀을, 다른 사람에게는 같은 성령으로 믿음을, 어떤 사람에게는 한 성령으로 병 고치는 은 사를, 어떤 사람에게는 능력 행함을, 어떤 사람에게는 예언함을, 어떤 사람에게는 영들 분별함을, 다른 사람에게는 각종 방언 말함을, 어떤 사람에게는 방언들 통역함을 주시나니 이 모든 일은 같은 한 성령이 행하사 그의 뜻대로 각 사람에게 나누어 주시는 것이니라."(고전 2:7~11)

나는 이러한 성령의 나타남을 다 구했고 다 받았습니다.

당신도 성령의 은사를 구하면 받습니다. 내일로 미루지 말고 지금 구하십시오. 한 번 기도하고 구한 것은 받았다고 조금도 의심하지 말고 믿으십시오. 그러면 그대로 될 것입니다. "그러므로 내가 너희에게 말하노니 무엇이든지 기도하고 구하는 것은 받은 줄로 믿으라. 그리하면 너희에게 그대로 되리라."(막 11:24)

성령님을 모시면 설교가 줄줄 나온다

당신은 설교 시간에 성령님을 존중히 모십니까?

나는 설교 시간에 "성령님, 함께 설교하시지요"라고 말씀드리며 성령님을 존중히 모십니다. 그리고 그분과 함께 설교합니다.

하나님의 말씀을 사모해서 모인 성도에게 어떻게 설교해야 할까요? 성령을 힘입어 설교해야 합니다. 혹시 당신은 당신의 힘과 지식으로 설교하지 않습니까? 한 줄 한 줄 **빽빽**하게 원고를 작성해서 학생이 교과서를 읽듯이 또박또박 읽지는 않습니까? 그래서 매번 설교에 대한 부담이 어깨를 짓누르지 않습니까? 설교자가 설교에 대한 부담이 있으면 예배는 노동이 되고 짐이 됩니다. 그러면 설교자의 마음이 예배 시간 내내 행복하지 못합니다.

나는 설교에 대한 부담이 전혀 없기 때문에 예배 시간마다 한없는 행복을 느낍니다. 성령님이 나를 통해 설교하시도록 완전히 맡기기 때문에 예배 시간 내내 평안하고 쉼이 있습니다. 나는 미소를 지으며 앉아 내가 설교하는 순간이 빨리 오기를 기다립니다.

나는 예배 시간이 무척 설레고 기다려집니다.

아내는 내가 설교하는 모습을 보며 이렇게 말합니다.

"당신은 입만 열면 설교가 자동으로 줄줄 나와요. 끝도 없어요. 당신처럼 쉽게 설교하는 사람은 아마 없을 거예요. 그런데도 설교 말씀이 살아 있어요. 다 내게 하시는 하나님의 말씀이에요."

나는 원래 설교를 한마디도 못하는 사람이었습니다.

나의 꿈은 전국과 세계를 다니며 마음껏 외치는 부흥사들처럼 설교를 잘하는 것이었습니다. 어떻게 하면 그것이 가능할까 하고 고민하던 중 오직 성령님의 능력으로만 가능하다는 것을 알게 되었고 설교를 잘하기 위해 '지혜의 말씀의 은사'를 구했습니다.

성령님은 내게 '지혜의 말씀의 은사'를 나타내 주셨습니다.

나는 원래 말을 더듬는 말더듬이였습니다. 내가 초등학생이었을 때 아버지가 나를 보며 "이놈아, 제발 말 좀 더듬지 말고 또박또박 천천히 말해라"고 꾸짖을 정도였습니다. 그런 내가 성령을 체험하고 말 잘하는 사람으로 바뀌었습니다. 지금은 입만 열면 90분이든 120분이든 원고도 없이 계속 설교합니다. 부흥회를 인도할 때는 180분까지 설교한 적도 많습니다. 성령님이 내게 '말 잘하는 은사'를 주신 것입니다. 그렇다고 입만 나불나불 살아 움직이는 것은 아닙니다. 깨달음이 엄청나게 많습니다. 내가 하는 강연에는 한마디 한마디가 굉장히 중대한 의미를 담고 있습니다.

깨달음이 없는데 어떻게 원고도 없이 수천 명의 군중 앞에서 몇 시간 동안 쉬지 않고 논리 정연하게 강연하겠습니까? 이러한 깨달음은 성령님께로부터 온 것이며 '지혜의 말씀의 은사'입니다.

나는 스무 살 때 주일학교 교사를 하면서 하나님께 입을 열어 구했습니다. "하나님, 저는 말을 잘 못합니다. 그런데 어린 아이들을 맡아 가르치는 교사가 되었습니다. 그러니 저에게 지혜의 말씀의 은사를 주세요"라고 기도했고 곧 응답을 받았습니다.

교재를 펴놓고 한 줄씩 읽어야 했던 나, 설교 원고를 써서 한 줄씩 읽어야 했던 나, 말을 더듬던 나는 성령님 때문에 바뀌었습니다. 부흥회 때 내 설교를 들은 한 성도는 이렇게 말했습니다.

"제가 오늘 설교의 달인을 만났습니다. 텔레비전과 라디오를 통해 수많은 설교를 들었지만 이렇게 말을 유창하게 잘하고 깨달음이 풍성한 설교를 하시는 분은 처음 만났습니다."

성령님께서 지혜의 말씀의 은사를 나타내셨기 때문에 나는 평생 원고 없이 마음껏 설교하게 되었습니다. 내가 설교한 것은 책 내용과 맞먹을 정도로 깨달음이 많고 문장도 매끄럽습니다.

"내가 너희의 모든 대적이 능히 대항하거나 변박할 수 없는 구변과 지혜를 너희에게 주리라."(눅 21:15)

당신도 지혜의 말씀의 은사를 사모하고 구하십시오.

또한 성령님은 내게 지식의 말씀의 은사를 주셨습니다. 지혜의 말씀의 은사는 '말씀을 활용하는 능력'이고 지식의 말씀의 은사는 '말씀의 지식을 얻는 능력'입니다. 믿음의 은사도 중요합니다.

믿음의 은사를 받았기 때문에 내가 지금까지 모든 일을 감당할 수 있었습니다. 믿음의 은사를 받은 사람은 남들이 다 "안 된다"고 말하는 것을 "된다"고 말하며 밀어붙이는데 진짜로 됩니다.

나는 교회를 개척해서 지금까지 수많은 돈 문제를 해결해야 했는데 믿음의 은사 때문에 가능했습니다. 텔레비전과 라디오 방송, 출판사 운영 등 모든 일을 믿음의 은사로 감당했습니다. 내가 손을 얹고 기도하면 성령이 임하고 방언이 터지고 병이 낫고 기적적으로 문제가 해결되었는데 모두 믿음의 은사 때문이었습니다.

당신도 믿음의 은사를 사모하고 구하십시오.

병 고치는 은사, 능력 행하는 은사, 예언의 은사, 영분별의 은사, 방언의 은사, 방언들 통역하는 은사를 구하고 받으십시오.

성령님께 문제를 부탁하면 쉽게 해결된다

당신은 성령님께 부탁한 적이 있습니까?

나는 성령님께 내가 필요한 것을 모두 부탁합니다. 내가 입을 열어 그분께 부탁하면 내 마음의 문제는 모두 그분에게로 넘어갑니다. 그리고 얼마 있지 않아 그분이 다 알아서 채워 주십니다.

"아무것도 염려하지 말고 다만 모든 일에 기도와 간구로, 너희 구할 것을 감사함으로 하나님께 아뢰라. 그리하면 모든 지각에 뛰어난 하나님의 평강이 그리스도 예수 안에서 너희 마음과 생각을 지키시리라."(빌 4:6~7)

전능하신 성령님이 당신과 함께 계시는데 왜 염려합니까? 왜 근심합니까? 왜 머리를 쥐어뜯으며 고민합니까? 왜 당신 스스로 문제를 다 해결하려고 몸부림칩니까? 교만을 버리십시오.

성령님께서 당신을 돕기 위해 보혜사로 오셨습니다.

"이런 문제는 성령님이 돕지 않으실 거예요."

그건 당신이 판단할 일이 아닙니다.

성령님은 당신이 부탁한 모든 일을 도우십니다.

"성령님, 부탁합니다"라고 말씀드리십시오. 그러면 당신의 마음에 있는 짐이 모두 성령님께로 넘어가고 기적이 일어납니다.

성령님께 어떤 것을 부탁할 수 있을까요?

첫째, 성령님께 당신의 길을 인도해 달라고 부탁할 수 있습니다. "네 길을 여호와께 맡기라. 그를 의지하면 그가 이루시고……."(시 37:5)

둘째, 성령님께 당신의 염려를 해결해 달라고 부탁할 수 있습니다. "너희 염려를 다 주께 맡기라. 이는 그가 너희를 돌보심이라."(벧전 5:7)

셋째, 성령님께 당신의 모든 행사가 잘 끝나게 해 달라고 부탁할 수 있습니다. "너의 행사를 여호와께 맡기라. 그리하면 네가 경영하는 것이 이루어지리라."(잠 16:3)

넷째, 성령님께 당신의 짐을 맡아 달라고 부탁할 수 있습니다.

"네 짐을 여호와께 맡기라. 그가 너를 붙드시고 의인의 요동함을 영원히 허락하지 아니하시리로다."(시 55:22)

다섯째, 성령님께 당신의 원수를 해결해 달라고 부탁할 수 있습니다. "내 사랑하는 자들아, 너희가 친히 원수를 갚지 말고 하나님의 진노하심에 맡기라 기록되었으되 원수 갚는 것이 내게 있으니 내가 갚으리라고 주께서 말씀하시니라."(롬 12:19)

성령님께 필요를 부탁하면 다 채워 주신다

성령님은 당신의 빈손을 채우시는 분입니다.

나는 원래 빈손이었습니다. 내가 가진 모든 것은 다 하나님께 기도해서 그분께로부터 받은 것입니다. 나 스스로에게서 난 것이 하나도 없으므로 나의 육체의 행위를 자랑할 것이 없습니다.

"누가 너를 남달리 구별하였느냐? 네게 있는 것 중에 받지 아니한 것이 무엇이냐? 네가 받았은즉 어찌하여 받지 아니한 것 같이 자랑하느냐?"(고전 4:7)

당신에게 없는 것을 인하여 기뻐하십시오. 없기 때문에 하나님께 구해서 받을 수 있는 것입니다. 하나님께 받은 것은 모태에서 자연적으로 가진 것보다 억만 배나 더 큰 힘을 발휘합니다.

나는 다른 사람이 가진 것을 보며 시기 질투하지 않고 사모했고 하나님께 구했습니다. 그것이 무엇이든 내가 갖지 않은 것을 다른 사람이 먼저 가졌으면 나는 사모하고 하나님께 구했습니다.

그러자 하나님은 그 사람이 가진 것을 내게도 주셨습니다.
당신도 무엇이든지 시기 질투하지 말고 사모하고 구하십시오.
그러면 하나님이 당신에게도 넘치게 주실 것입니다.
나는 방언의 은사를 사모했고 구했고 받았습니다.
나는 예언의 은사를 사모했고 구했고 받았습니다.
예언의 은사를 받으면 예언 받으러 돌아다닐 필요가 없습니다.
예언을 받는 위치에서 예언하는 위치로 바뀌었기 때문입니다.
예언의 은사를 받으면 성령님의 음성도 더 잘 들립니다. 다른 사람에게만 예언하는 것이 아니라 자신에게도 예언하기 때문입니다. 나는 예언하는 은사를 사모했고 구했고 받았습니다.
당신도 예언하는 은사를 사모하고 구하고 받으십시오.
내가 쓴 이 글들이 너무 단순 명쾌하고 쉽나요? 하지만 이것이 당신의 인생을 완전히 바꾸는 귀한 내용입니다. 당신에게는 성령의 나타남이 절실히 필요합니다. 이제 육체의 힘으로 하는 것을 멈추어야 할 때입니다. 그동안 그렇게 했으면 됐습니다.
육으로 난 사역을 멈추고 영으로 난 사역을 하십시오.
"육으로 난 것은 육이요 영으로 난 것은 영이니……."(요 3:6)

성령님이 우리의 모든 쓸 것을 채우신다

당신에게 지금 무엇이 부족하고 무엇이 필요합니까?
성령님은 영적인 것과 물질적인 것을 모두 채우시는 분입니다.

빌립보서 4장 19절에 "나의 하나님이 그리스도 예수 안에서 영광 가운데 그 풍성한 대로 너희 모든 쓸 것을 채우시리라"고 했습니다. '나의 하나님'은 곧 성령님을 의미합니다. 성령님이 당신의 모든 쓸 것을 채우십니다. 당신 한 명의 쓸 것만 채우시는 것이 아니라 '너희 모든 쓸 것'을 채우십니다. 성령님은 크신 분입니다.

내가 사람들의 모든 필요를 채워 줄 수는 없습니다. 하지만 성령님께 부탁하면 그분이 사람들의 모든 필요를 채우십니다.

나의 하나님 곧 성령님이 그들의 필요를 다 채워 주십니다.

성령님은 빼앗아 가는 분이 아니라 채우시는 분입니다.

"성령을 따라 살면 다 빼앗길 거야. 성령님이 내가 가진 재산을 다 내놓으라고 하시면 어떻게 하지? 나는 뭐 먹고 살아?"

그렇지 않습니다. 성령님은 자신에게 무엇이 부족해서 당신에게 내 놓으라고 협박하시는 강도가 아닙니다. 성령님은 당신의 의복과 귀금속을 훔쳐 가는 도둑도 아닙니다. 성령님은 우주 만물의 주인이시며 당신을 부요의 길로 인도하시는 목자이십니다.

성령님은 예수의 영이신데 예수님이 어떤 분입니까?

당신으로 하여금 생명을 얻되 넘치게 얻게 하시는 분입니다.

"도둑이 오는 것은 도둑질하고 죽이고 멸망시키려는 것뿐이요 내가 온 것은 양으로 생명을 얻게 하고 더 풍성히 얻게 하려는 것이라."(요 10:10)

물론 성령님께서 당신에게 지금보다 더 큰 복을 주기 위해 어떤 것을 요구하실 때가 있습니다. 나도 그랬습니다. 내가 31세 때 보증금 천만 원에 월세 10만 원을 내며 지하에서 아이들을 키우며 살다가 "서울로 가서 교회를 개척하라"는 성령님의 음성을 듣고 순종하여 잠실에 와서 교회를 개척할 때 누군가 나를 도와줄 줄 알았습니다. 하지만 성령님께서 내게 다른 말씀을 하셨습니다.

"아들아, 네가 가진 보증금 천만 원을 내게 바쳐라."

"그러면 저는 먹고 살 집이 없는데요."

"그런 건 걱정하지 마라. 내가 다 채워 줄게."

나는 성령님의 음성에 순종하여 잠실의 상가 3층 40평을 보증금 천만 원에 월세 80만 원으로 계약했습니다. 그 이후로 15년이 지나자 하나님은 그때 드린 것의 백배 이상을 주셨습니다.

사실 천배 이상의 복을 주셨습니다. 그렇습니다. 하나님은 빼앗는 분이 아닙니다. 백배의 복을 주시는 분입니다. 그때 내게 그렇게 요구하신 것은 믿음으로 사는 것이 무엇인지 가르쳐주기 위함이었습니다. 나는 성령님을 존중히 모시고 믿음의 모험을 하면서 물 위를 걸었습니다. 나는 지금도 물위에 서 있습니다.

나는 설교할 때 물 위에 서서 설교합니다.

나는 산책할 때 물 위를 걷듯이 산책합니다.

나는 잠을 잘 때 물 위에서 잠을 잡니다.

나는 책을 쓸 때 물 위에 앉아 책을 씁니다.

물 위를 걸을 때 꼭 해야 할 가장 한 가지 중대한 일이 있습니다. 무엇일까요? 그것은 바로 믿음의 주요 또 온전케 하시는 이인 예수를 바라보는 것입니다. 물 위를 걸어오시는 예수님을 보고 자기도 걷고 싶다고 했던 베드로는 "오라"고 하시는 예수님의 음성을 듣고 물 위를 걸었습니다. 그때 그는 한순간도 눈을 떼지 않고 예수님만 바라보아야 했습니다. 이것이 믿음의 비결입니다.

믿음은 무엇일까요? 믿음의 시작과 과정과 끝이 되시는 예수님을 바라보는 것입니다. 나는 지금도 예수님을 바라봅니다. 그렇다고 구약의 수많은 모형과 그림자로 오신 예수님, 신약의 33년간 육체로 오신 예수님을 바라보는 것이 아닙니다. 그 모든 것보다 더 실상이신 예수의 영이신 성령님을 바라봅니다. 육체로 오신 예수님은 대속의 죽음을 위해 오신 하나님의 어린 양입니다.

그분은 자신의 참된 실상에 대해 말씀하셨습니다.

"그러나 내가 너희에게 실상을 말하노니 내가 떠나가는 것이 너희에게 유익이라. 내가 떠나가지 아니하면 보혜사가 너희에게로 오시지 아니할 것이요 가면 내가 그를 너희에게로 보내리니……."(요 16:7)

구약의 실상은 예수님이요 예수님의 실상은 성령님입니다.

"조금 있으면 너희가 나를 보지 못하겠고 또 조금 있으면 나를 보리라 하시니……."(요 16:16)

예수님은 이 땅에서 인간의 몸을 입고 제한되게 사셨습니다. 그러나 예수의 영이신 성령님은 영원토록 우리와 함께 계시며 결코 떠나지 않으십니다. "볼지어다. 내가 세상 끝날까지 너희와 항상 함께 있으리라"(마 28:20)고 하셨기 때문입니다.

사도 바울은 육체로 오신 예수님을 만나지 못했습니다. 그러나 그는 육체로 오신 예수님보다 더 큰 영광을 발견했습니다. 태양보다 더 크고 강한 '빛으로 오신 예수님'을 만났던 것입니다.

"가는 중 다메섹에 가까이 갔을 때에 오정쯤 되어 홀연히 하늘로부터 큰 빛이 나를 둘러 비치매 내가 땅에 엎드러져 들으니 소리 있어 이르되 '사울아, 사울아, 네가 왜 나를 박해하느냐?' 하시거늘 내가 대답하되 '주님, 누구시니이까?' 하니 이르시되 '나는 네가 박해하는 나사렛 예수라' 하시더라."(행 22:76~8)

사도 바울은 예수를 육체대로 알지 아니한다고 했습니다.

"그러므로 우리가 이제부터는 어떤 사람도 육신을 따라 알지 아니하노라. 비록 우리가 그리스도도 육신을 따라 알았으나 이제부터는 그같이 알지 아니하노라."(고후 5:16)

사도 바울은 영으로 오신 예수님을 존중히 모시고 다녔습니다.

"성령이 아시아에서 말씀을 전하지 못하게 하시거늘 그들이 브루기아와 갈라디아 땅으로 다녀가 무시아 앞에 이르러 비두니아로 가고자 애쓰되 '예수의 영'이 허락하지 아니하시는지라."(행 16:6~7) 성령님은 당신과 함께 계시는 예수의 영이십니다.

예수님이 이 땅에 계실 때 병을 고치고 귀신을 내쫓고 사람들의 필요를 채우신 것처럼 예수의 영이신 성령님도 동일하게 병을 고치고 귀신을 내쫓고 사람들의 필요를 채우십니다. "예수 그리스도는 어제나 오늘이나 영원토록 동일하시니라."(히 13:8)

2천 년 전에는 사람들이 예수님께 나아와 도움을 부탁했습니다. 지금은 예수의 영이신 성령님께 도움을 부탁하면 됩니다.

"내가 떠나가는 것이 너희에게 유익이라. 내가 떠나가지 아니하면 보혜사가 너희에게로 오시지 아니할 것이요."(요 16:7)

보혜사는 '당신 곁에서 당신을 실제로 돕는 분'이라는 뜻입니다. 예수님은 '보혜사'였고 성령님은 '다른 보혜사'이십니다. 하지만 예수님과 동일한 위치에서 동일한 권세와 능력과 영광으로 동일한 일을 하시는 다른 보혜사입니다. 이해되십니까?

예수님이 이 땅에 계실 때 제자들은 누구에게 물었습니까? "주여, 어떻게 하면 좋겠습니까?"라고 예수님께 물었습니다.

바울은 누구에게 물었습니까? 예수의 영이신 성령님께 물었습니다. "주여, 제가 무엇을 할까요? 제가 어디로 갈까요?"

성령님이 바울에게 대답하셨습니다. "가라, 가지 마라."

"예수의 영이 허락하지 아니하시는지라."(행 16:7)

당신은 예수의 영이신 성령님을 존중히 모시고 다니며 그분에게 모든 문제를 말씀드려야 합니다. 모든 것을 물어야 합니다.

"성령님, 이 일을 할까요? 누구를 만날까요?"

그러면 성령님께서 당신에게 세미한 음성으로 말씀하십니다.

"그 사람을 만나라, 만나지 마라."

다윗처럼 성령님을 존중히 모시고 살라

다윗처럼 성령님을 존중히 모시고 살아야 합니다.

잠언 3장 6절에 "너는 범사에 그를 인정하라. 그리하면 네 길을 지도하시리라"고 했습니다. 어떻게 하면 될까요? 다윗처럼 여호와의 신이신 성령님을 존중히 모시고 살면 됩니다.

첫째, 다윗은 여호와의 신이신 성령님을 자기 앞에 존중히 모시고 다녔습니다. "내가 여호와를 항상 내 앞에 모심이여, 그가 나의 오른쪽에 계시므로 내가 흔들리지 아니하리로다."(시 16:8) 성령님은 당신에게 인정받기를 원하시고 인격적으로 존중 받기를 원하십니다. 성령님이 뒤따라오게 하지 말고 앞에 모십시오.

둘째, 다윗은 움직일 때마다 사람에게 묻지 않고 성령님께 물었습니다. "그 후에 다윗이 여호와께 여쭈어 아뢰되 '내가 유다 한 성읍으로 올라가리이까?' 여호와께서 이르시되 '올라가라' 다윗이 아뢰되 '어디로 가리이까?' 이르시되 '헤브론으로 갈지니라.'"(삼하 2:1) 당신이 사람에게 물으면 사람에게 질질 끌려 다니게 됩니다. 성령님께 물으면 성령님의 인도하심을 받게 됩니다.

셋째, 다윗은 전쟁할 때마다 사람에게 묻지 않고 성령님께 물었습니다. "다윗이 여호와께 여쭈어 이르되 '내가 블레셋 사람에게로 올라가리이까? 여호와께서 그들을 내 손에 넘기시겠나이까?' 하니 여호와께서 다윗에게 말씀하시되 '올라가라, 내가 반드시 블레셋 사람을 네 손에 넘기리라' 하신지라."(삼하 5:19)

당신이 전쟁할 때 사람에게 물으면 사람의 종이 됩니다. 하지만 성령님께 물으면 성령님의 종이 됩니다. 당신은 누구의 종으로 살기를 원하십니까? 전쟁은 '주권 다툼'입니다. 국가는 땅을 놓고 싸우고 개인도 돈 명예 권세 건물 학벌 숫자 등에 대한 주권을 놓고 다툼을 하게 됩니다. 그럴 때 사람에게 묻지 말고 성령님께 물어야 합니다. 당신은 중대한 일을 누구에게 묻습니까?

당신이 남편에게 물으면 남편의 종이 됩니다. 아내에게 물으면 아내의 종이 됩니다. 자녀에게 물으면 자녀의 종이 됩니다. 목사님에게 물으면 목사님의 종이 됩니다. 교수님에게 물으면 교수님의 종이 됩니다. 사장님에게 물으면 사장님의 종이 됩니다.

물론 그들의 영역에 대해서는 그들에게 물어야 합니다. 하지만 당신의 영역에까지 그들에게 물으면 안 됩니다. 그러면 그들의 말에 매이는 그들의 종이 됩니다. 그들에게 묻고 그들의 대답을 들었는데 그대로 실천하지 않으면 관계가 나빠집니다. 사람에게 묻고 사람의 대답을 들으면 그 사람의 말대로 실천해야 하므로 그들의 종이 됩니다. 그렇게 하지 마십시오. 성령님께 묻고 성령님의 음성을 듣고 실천하므로 성령님의 종이 되십시오.

주인이신 성령님이 당신 안에 가득히 들어와 계시는데 왜 당신 밖에 있는 사람들에게 묻습니까? 그러면 성령님이 싫어하십니다.

사울은 성령님께 묻지 않았고 다윗은 성령님께 물었습니다.

"여호와께 묻지 아니하였으므로 여호와께서 사울을 죽이시고 그 나라를 이새의 아들 다윗에게 넘겨주셨더라."(대상 10:14)

하나님의 마음에 합하려면 하나님께 묻고 행해야 합니다.

작은 일이든 큰일이든 묻고 또 물으십시오.

성령님은 얼마나 크신 분인가?

당신은 성령님을 작은 분으로 여기지 않습니까?

성령님은 당신이 생각하는 것보다 훨씬 크신 분입니다.

크신 성령님께 큰 것을 구하십시오.

크신 성령님께 큰 것을 부탁하십시오.

당신이 무엇을 구하든지 성령님은 다 채우십니다.

나는 매일 크신 성령님의 공급하심을 경험하며 삽니다.

나의 하나님 곧 성령님은 내가 무엇을 구하든지 다 주십니다.

당신도 담대하게 성령님께 구하십시오. 당신이 받지 못한 것은 구하지 않았기 때문입니다. 구해도 받지 못하는 것은 정욕으로 쓰려고 잘못 구했기 때문인데, 정욕으로 쓰려고 잘못 구한다는 것은 다름 아닌 이렇게 십계명을 어기는 내용을 말합니다.

"하나님, 제가 길 가는 저 예쁜 여자를 꾀어 간음하려는데 돈을 주세요"라든지 "제가 주일마다 산에 올라가서 우상에게 엎드려 절하려고 하는데 자동차를 살 돈을 주세요"라고 구하면 하나님이 안 주십니다. 십계명 어기는 것 외에는 하나님이 다 주십니다.

당신이 아파트를 100채 구하든지, 빌딩을 100채 구하든지 다 주십니다. 하나님은 다윗에게 환난 중에 금 십만 달란트를 주셨습니다. 그 돈은 오늘날 돈으로 150조 원입니다. 솔로몬에게는 더 많이 주셨습니다. 요셉은 애굽 전역의 돈을 다 모았습니다.

하나님께 벤츠 한 대를 구하면서 너무 큰 것을 구하는 것이 아닌가 하는 사람도 있지만 어떤 사람은 벤츠 회사를 차립니다. 어떤 사람은 벤츠 대리점을 운영합니다. 제발 크게 생각하십시오.

하나님께 아파트 한 채를 구하면서 너무 큰 것을 구하는 것이 아닌가 하는 사람도 있지만 어떤 사람은 건설회사를 차립니다. 어떤 사람은 아파트 단지를 분양합니다. 크게 생각하십시오.

하나님께 핸드폰 한 대를 구하면서 너무 큰 것을 구하는 것이 아닌가 하는 사람도 있지만 어떤 사람은 핸드폰 회사를 차립니다.

어떤 사람은 핸드폰 대리점을 운영합니다. 크게 생각하십시오.

크게 꿈꾸고 크게 생각하고 크게 말하고 크게 거래하십시오.

우리가 믿는 하나님은 크신 분입니다. "여호와는 크신 하나님이시요 모든 신들보다 크신 왕이시기 때문이로다."(시 95:3)

한 달란트는 15억입니다. 부요하신 하나님은 한 달란트, 두 달란트, 다섯 달란트를 주기도 하지만 다윗에게는 금 10만 달란트 곧 150조 원을 주셨습니다. 다윗이 모시고 산 성령님은 아주 크고 부요한 분이셨습니다. 다윗은 솔로몬에게 말했습니다. "내가 환난 중에 여호와의 성전을 위하여 금 십만 달란트와 은 백만 달란트와 놋과 철을 그 무게를 달 수 없을 만큼 심히 많이 준비하였고 또 재목과 돌을 준비하였으나 너는 더할 것이며……."(대상 22:14)

성령님은 창조의 영이시며 수천조 달란트를 가진 크고 부요하신 분입니다. 세상의 모든 은금과 육축이 모두 그분의 것입니다.

크고 부요하신 성령님을 존중히 모시고 다니십시오.

나는 성령님의 도우심으로 몸매가 날씬해졌다

성령님은 영혼의 문제만 도우시는 분이 아닙니다.

성령님은 삶의 전반에 걸쳐 당신을 돕는 분이십니다.

성령님의 인도하심으로 인해 나의 삶 전체가 부요해졌습니다.

성령님은 나를 의와 성령 충만한 삶으로 이끄셨습니다. 이것은 영적인 문제 곧 죄와 목마름의 문제가 해결되었다는 말입니다.

그것이 전부일까요? 아닙니다. 더 풍성한 삶이 있었습니다.
성령님의 인도하심은 한 가지가 아닌 일곱 가지입니다.
의와 성령 충만, 건강과 부요함, 지혜와 평화와 생명입니다.
성령님은 의와 성령 충만을 누리던 나로 하여금 건강과 부요와 지혜의 길로 인도하셨습니다. 당신은 건강하고 부요하십니까?

30대의 내 몸은 최악의 상태였습니다. 허리는 37인치에 몸무게는 79킬로그램이었습니다. 아내와 함께 산책하다가 100미터만 걸어도 힘들다며 90대 노인처럼 벤치에 주저앉을 정도였습니다.

그 당시에는 깨끗한 음식에 대한 개념이 없어서 하나님이 성경에서 먹지 말라고 한 더러운 것은 마구 먹었습니다. 그런 내가 지금은 성령님의 인도하심으로 아주 건강해졌습니다. 두 시간 동안 1만 보를 걸어도 피곤하지 않습니다. 하나님이 먹으라고 한 깨끗한 음식을 조금만 먹으니 몸무게는 한 달 만에 10킬로그램이 줄어 68킬로그램이 되었고 허리도 28인치가 되었습니다.

남산처럼 불룩한 배는 들어가고 복근이 나왔습니다. 심장도 튼튼해졌고 간도 건강해졌습니다. 온몸에서 피부병이 사라졌습니다. 하나님의 뜻은 내가 아프지 않고 건강하게 사는 것이었습니다. 몸이 날씬해지니 몸매가 살아났고 패션이 즐거워졌습니다.

검은 티 하나에 청바지를 입어도 멋있는 사람이 되었습니다.
최고의 패션은 몸매입니다. 당신도 몸매를 살리십시오.
사람들은 나를 보고 놀랍니다. "어쩜 그렇게 젊으세요."
나는 그들에게 웃으며 대단합니다. "행복해서 그래요."
나는 내 안에 예수님을 모시고 살기 때문에 항상 33세입니다.

내 나이는 33세에서 멈추었습니다. 실제로 피부와 몸매, 눈빛과 얼굴 모양이 모두 젊습니다. 지금은 다들 100세 시대라고 말합니다. 나는 200세까지 살 겁니다. 꿈이 있으면 젊게 삽니다.

성령님을 사랑하고 그분과 연애하면 평생 젊게 삽니다.

에녹처럼 365세를 살 수도 있습니다. 믿으십시오.

빨리 죽는다는 생각을 버리십시오. 당신은 장수합니다.

하나님은 아브라함에게 장수와 평안을 약속하셨습니다. "너는 장수하다가 평안히 조상에게로 돌아가 장사될 것이요."(창 15:15)

당신도 "하나님이 세상을 이처럼 사랑하사 독생자를 주셨으니 이는 그를 믿는 자마다 멸망하지 않고 영생을 얻게 하려 하심이라"는 요한복음 3장 16절만 믿지 말고 "그의 오른손에는 장수가 있고 그의 왼손에는 부귀가 있나니"라는 잠언 3장 16절도 믿으십시오. 하나님은 당신에게 장수와 부귀를 주시는 분입니다. 내가 하나님을 친밀하게 사귀자 갈수록 젊어지고 부요해졌습니다.

성령님과 함께 큰 꿈을 품고 믿음으로 살아가십시오. 꿈이 없는 사람은 늙은이지만 꿈이 있고 사랑하는 사람은 젊은이입니다.

성령이 임한 사람의 특징은 꿈을 꾸는 것입니다.

"하나님이 말씀하시기를 말세에 내가 내 영을 모든 육체에 부어 주리니 너희의 자녀들은 예언할 것이요 너희의 젊은이들은 환상을 보고 너희의 늙은이들은 꿈을 꾸리라."(행 2:17)

꿈이 없다면 어떻게 꿈이 이루어지겠습니까?

꿈이 없는 인생이 성령님을 모시면 꿈을 꾸게 됩니다.

환상이 없는 인생이 성령님을 모시면 환상을 보게 됩니다.

예언이 없는 인생이 성령님을 모시면 예언을 하게 됩니다.
인생은 꿈대로 믿음대로 다 됩니다.

나는 성령님의 도우심으로 부요해졌다

당신은 부모님께 가난을 물려받지 않았습니까?
당신이 자녀에게도 그 지긋지긋한 가난을 물려줄 겁니까?
나는 "가난이 싫다, 부요함이 좋다"고 솔직하게 말합니다.
나는 단칸방에서도 살았고 완전 지하에서도 살았습니다.
신혼은 돌아눕지도 못하는 단칸방에서 살림을 차렸습니다.
시화공단에서도 1년 정도 살았는데 상가 지하를 임대해서 칸을 질러 교회와 사택을 함께 썼습니다. 방에는 수많은 벌레들이 기어 다녔고 내부에 화장실이 없어 일층까지 올라가야 했습니다. 그때 아내는 만삭이었습니다. 천장과 벽에 곰팡이가 덕지덕지 두껍게 붙었습니다. 지하인데다가 공단 지역이어서 밤이 되면 공장에서 나오는 매연이 지하를 가득 채웠고 산책하러 골목에 나와도 뿌연 연기가 동네를 덮었고 매캐한 냄새가 코를 찔렀습니다.
성령님이 내게 "서울로 가서 교회를 개척하라"고 하셨는데 그 음성에 완전히 순종하지 못하고 안산으로 갔다가 시화공단으로 갔던 것입니다. 거기서 1년 동안 고생하며 더 가난해졌습니다.
결국 성령님의 음성에 순종하여 서울 잠실로 와서 교회를 개척했는데 10년이 지난 지금 하나님께 백배 이상의 복을 받았습니다.

당신은 하나님께 어느 정도의 복을 받았습니까?

모든 것을 버리고 주를 따랐다면 백배의 복을 기대하십시오.

"베드로가 여짜와 이르되 보소서 우리가 모든 것을 버리고 주를 따랐나이다. 예수께서 이르시되 내가 진실로 너희에게 이르노니 나와 복음을 위하여 집이나 형제나 자매나 어머니나 아버지나 자식이나 전토를 버린 자는 현세에 있어 집과 형제와 자매와 어머니와 자식과 전토를 백배나 받되 박해를 겸하여 받고 내세에 영생을 받지 못할 자가 없느니라."(막 10:28~30)

첫째, 성령님이 말씀하시면 이해가 안 되어도 순종하십시오.

둘째, 이 말씀은 단순히 돈을 버리라는 말씀이 아닙니다. 영생을 얻기 위해 예수님과 및 복음보다 더 크게 여기는 것을 마음에서 내려놓으라는 말씀입니다. 그런 작은 걸로는 결코 구원을 얻을 수 없기 때문입니다. "형제나 자매나 어머니나 아버지나 자식이나 전토를"입니다. "형제와 자매와 어머니와 아버지와 자식과 전토를"이 아닙니다. 가진 모든 것을 다 버리라는 말씀이 아닙니다. 사람마다 예수와 및 복음보다 더 크게 여기는 장애물이 있다면 그것을 과감히 마음에서 내려놓으라는 것입니다. 그러면 어떻게 될까요? 망하는 것이 아니라 백배의 복을 주신다고 했습니다.

셋째, "현세에 있어 집과 형제와 자매와 어머니와 자식과 전토를 백배나 받는다"고 했습니다. 당신이 예수와 및 복음을 위해 어떤 것을 포기했던 하나님은 그것의 백배를 주십니다. 죽어서 백배를 받는 것이 아니라 현세에 받습니다. 당신은 하나님께 백배의 복을 받은 적이 있습니까? 있다면 그것이 어디에 있습니까?

아직 받지 못하였다면 꼭 받게 될 것입니다. 믿으십시오.

넷째, "백배를 받되 박해를 겸하여 받는다"고 했습니다.

왜 그럴까요? 당신이 예수님을 믿음으로 행복해졌다고 말하면 인간의 땀과 피와 눈물 곧 육체의 행위를 내세우는 율법주의자들이 자기 기준에 맞지 않는다고 박해하기 때문입니다. 당신이 망했다고 박해를 받지 않습니다. 죄와 목마름, 병과 가난, 어리석음과 징계와 죽음에 처했다고 박해를 받지 않습니다. 오히려 그 반대입니다. 당신이 행복하다고 말하기 때문에 박해를 받습니다.

당신이 믿음으로 의로워졌다고 하면 박해를 받습니다. 믿음으로 성령 충만해졌다고 하면 박해를 받습니다. 믿음으로 병 고침 받고 건강해졌다고 하면 박해를 받습니다. 믿음으로 부요해졌다고 하면 박해를 받습니다. 믿음으로 지혜를 얻었다고 하면 박해를 받습니다. 믿음으로 평화를 누린다고 하면 박해를 받습니다. 믿음으로 영원한 생명을 얻었다고 하면 박해를 받습니다. 믿음으로 천국에 간다고 하면 박해를 받습니다. 그들은 "그게 무슨 말이야? 그렇게 값싼 구원이 어디 있어? 말도 안 돼"라고 말합니다.

결코 값싼 구원이 아닙니다. 구원은 인간의 땀과 피와 눈물로는 도저히 값을 지불할 수 없는 큰 것이므로 하나님의 아들 예수 그리스도가 땀과 피와 눈물을 쏟으며 값을 다 지불한 것입니다.

예수님이 당신 대신 십자가에서 피와 물을 쏟으며 죽기 전에 "다 이루었다"(요 19:30)고 하셨는데 이 말은 '값을 다 지불했다. 빚을 다 갚았다. 너희 대신 모든 일을 끝냈다'는 의미입니다.

유대인들은 사도 바울이 가는 곳마다 따라다니며 박해했습니다. 그가 율법의 행위가 아닌 오직 예수 그리스도를 믿음으로 의로워지고 행복해진다고 강력하게 설교했기 때문입니다.

"바울이 하나님의 말씀에 붙잡혀 유대인들에게 예수는 그리스도라 밝히 증거하니 저희가 대적하여 훼방하거늘 바울이 옷을 떨어 가로되 너희 피가 너희 머리로 돌아갈 것이요 나는 깨끗하니라. 이후에는 이방인에게로 가리라 하고……."(행 18:6)

율법주의자들은 자기들이 죽을 때까지 고생해도 못 얻는 행복을 예수님이 십자가에서 다 이룬 복음을 믿음으로 단숨에 얻었다고 하니 시기가 나서 못 견디는 것입니다. 그래서 박해합니다. 그런 박해를 티끌처럼 작은 것으로 여겨야 합니다. 박해를 받더라도 예수를 믿어야 하고 이 땅에서 백배의 복을 누려야 합니다.

천국같이 살다가 천국으로 갑시다.

성령님을 존중히 모시고 살라. 제 2 부 - 김열방

성령님을 모시면 재정의 기름 부음이 넘친다

당신은 몇 살까지 살 거라고 믿습니까?

200세까지 행복한 대부호의 삶을 살아야 합니다.

에녹은 65세에 므두셀라를 낳고 300년을 하나님과 동행했습니다. 그는 365세를 살았습니다. 당신도 빨리 죽지 않고 장수합니다. 그리고 이 땅에서 반드시 백배의 복을 받게 될 것입니다.

아브라함은 은금과 육축과 노비가 많았다

성경에 나오는 믿음의 조상들은 대부분 부요하게 살았습니다. 아브라함 이삭 야곱 요셉 모세 다윗 솔로몬 등이 모두 부요했습니다. 아브라함은 은금과 육축과 노비가 많았습니다. 이삭은 아버지 아브라함의 재산을 상속받았고 농사를 지어 백배를 거두었습니다. 야곱은 빈손으로 외삼촌 라반의 집에 갔다가 돌아올 때 두 떼를 이루었는데 그것을 오늘날 돈으로 환산하면 60억 정도의 재산이 됩니다. 요셉은 애굽 전역의 돈을 다 모았습니다.

모세는 애굽에서 빠져나올 때 은금과 의복을 가지고 나왔습니다. 다윗은 금 십만 달란트를 헌금할 정도로 대부호였습니다. 금한 달란트는 15억이고 십만 달란트는 150조 원에 해당됩니다. 솔로몬은 다윗보다 더 크게 무역하며 더 많은 재산을 모았습니다.

욥은 당대에 가장 큰 부호였습니다. 하나님은 가난한 사람을 저주하고 짓밟아서 더 가난하게 만드시는 분이 아닙니다. 오히려 가난한 사람에게 복을 주어 부요케 하시는 분입니다. 그분은 우주의 재벌 총수이시며 당신과 나의 친 아빠가 되십니다. 세상 만물과 우주가 다 그분의 것입니다. 당신은 그분의 상속자입니다.

그것도 죽어서만 상속 받는 것이 아니라 이 땅에서부터 받습니다. 당신이 이 땅에서 부요하게 사는 것이 하나님의 뜻입니다.

"현세에 있어 집과 형제와 자매와 어머니와 자식과 전토를 백배나 받되 박해를 겸하여 받고 내세에 영생을 받지 못할 자가 없느니라."(막 10:29~30)

당신도 하나님께 드린 것의 백배를 받는다

당신은 하나님께 백배의 복을 받은 적이 있습니까?

나는 하나님께 내가 드린 것의 백배를 다 받았습니다. 그렇다고 내가 뭘 드렸기 때문에 하나님께 갚음을 받았다는 말이 아닙니다. 만물이 다 하나님께로부터 왔는데 사람이 무엇을 드려 하나님께 갚음을 받겠습니까? 단지 내가 성령님의 음성을 듣고 순종했고 그 결과 하나님의 은혜로 말미암아 백배의 복을 받았다는 말입니다. 내가 받은 복은 모두 하나님의 선물입니다. 내가 받은 백배의 복은 내 안에 실제로 살아 계신 하나님에 비하면 티끌처럼 작습니다. 내 안에 가득히 들어와 계신 성령님은 크신 분입니다.

"저희를 주신 내 아버지는 만유보다 크시다."(요 10:29)

당신도 하나님 아버지께 백배의 복을 기대하십시오.

"현세에 있어 집과 형제와 자매와 어머니와 자식과 전토를 백배나 받되……"라는 말씀이 당신에게도 이루어질 것입니다.

당신 안에 하나님의 지혜가 가득하다

당신은 어릴 때 아버지에게 꾸중을 들은 적이 없습니까?

나는 어릴 때 잘못한 것이 없었는데 오해를 받아 아버지에게 머리를 한 대 맞으며 심하게 꾸중을 들은 적이 있습니다. 그때 나는 밥을 먹으며 닭똥 같은 눈물을 뚝뚝 흘렸습니다. 아버지는 내게 이렇게 말했습니다. "야, 이놈아, 왜 그렇게 멍청하니?"

아버지는 기억도 못할 것입니다. 나는 아버지를 용서했습니다.

그리스도 안에서 나는 의인이고 아버지도 의인입니다.

자녀인 나도 부모님께 많은 오해와 실수를 했을 것입니다. 사실 나는 부모님에 대해 아는 것이 거의 없습니다. 내 자녀도 나에 대해 아는 것이 거의 없습니다. 우리 모두는 오해하고 실수합니다. 나도 내 자녀에게 모르고 실수한 적이 많았을 것입니다.

우리 모두는 실수를 하고 오해를 합니다. 그러므로 서로 용서해야 합니다. 실수와 오해 때문에 등지고 살면 안 됩니다.

"너희 중에 죄 없는 자가 돌로 쳐라."(요 8:7)

하나님 아버지는 내 머리를 때리지 않았습니다. 그분은 하루에도 수십 번 내 머리를 쓰다듬으며 "너는 천재다, 내가 너에게 지혜를 주었다. 네 안에 지혜가 가득하다. 내가 너를 사랑하고 좋아한다"라고 말씀하시며 칭찬과 격려를 아끼지 않으셨습니다.

나는 하나님의 자녀입니다. 하나님은 나의 아빠이십니다.

나는 어릴 때 아주 미련하고 어리석고 아둔했습니다.

그래서 나는 "하나님, 저에게 지혜를 주세요"라고 구했습니다.

그런 내가 지혜의 영이신 성령님을 만났고 그분을 내 삶에 존중히 모셨는데 그 결과 내 인생에 큰 변화가 생겼습니다. 내게서 미련함이 떠나갔고 아주 지혜롭고 영민한 자가 된 것입니다. 내 머릿속에 있는 150억 개의 뇌세포가 최대한의 기능을 발휘하며 가동되었고 천재적인 기름 부음이 내게 한강처럼 철철 흐르게 되었습니다. 나를 바보로 알던 사람들이 다들 충격을 받았습니다.

내게서 기억력과 집중력, 이해력과 창의력, 몰입력과 판단력, 거래력과 협상력, 저술력과 강연력, 판매력과 저축력 등 100가지가 넘는 능력이 폭발적으로 나타나기 시작했습니다. 모두 내 안에 가득히 계신 성령님 때문이었습니다.

　나는 고등학교 시절에 벌써 수천 권의 책을 읽었고 26세에 결혼하여 아들 둘, 딸 둘의 자녀 네 명을 연년생으로 낳아 믿음으로 키웠습니다. 종이책과 오디오북을 포함해 수백 권의 책을 썼고 전국과 세계를 다니며 군중들 앞에서 강연했습니다. 출판사도 두 개나 차려 성공적으로 경영했고, 넓고 쾌적한 60평 아파트에 살고 있고, 예쁜 삼각별이 달린 메르세데스 벤츠를 몰고 다닙니다.

　내가 일반 목회자들보다는 많은 복을 받은 것 같지만 그래도 성경에 나오는 아브라함 이삭 야곱 요셉 모세 다윗 솔로몬 욥 등의 인물에 비하면 백분의 일도 안 되는 작은 복을 받았습니다.

성령님을 인격적으로 존중히 모시라

　하나님은 정말 크신 분입니다.
　내 안에 가득히 계신 성령님은 꿈을 이루어 주시는 분입니다.
　나는 내가 꿈꾼 것들을 대부분 이루었습니다. 지하 밑바닥에 살 때는 정말 막연했고 부요의 길이 없는 것 같았지만 내가 성령님을 존중히 모시자 성령님께서 한 걸음씩 내 발걸음을 인도하시므로 내가 꿈꾸고 바라는 것들이 하나씩 실상으로 나타나게 되었습니다. 내 인생에 수많은 기적이 일어난 것입니다. 당신도 성령님을 무시하지 말고 인격적으로 존중히 모시기 바랍니다.

성령님을 가볍게 여기지 마십시오. 성령님은 우주 만물을 창조하신 하나님의 영이십니다. 아버지의 영이요 예수의 영이십니다. 성령님은 여호와의 신이십니다. 성령님은 최고 중에 최고입니다.

이사야 11장 2절에 성령님에 대해 잘 말씀하고 있습니다.

"그의 위에 여호와의 영 곧 지혜와 총명의 영이요 모략과 재능의 영이요 지식과 여호와를 경외하는 영이 강림하시리니……."

다윗은 이러한 성령님을 존중히 모셨습니다.

"내가 여호와를 항상 내 앞에 모심이여, 그가 나의 오른쪽에 계시므로 내가 흔들리지 아니하리로다. 이러므로 나의 마음이 기쁘고 나의 영도 즐거워하며 내 육체도 안전히 살리니 이는 주께서 내 영혼을 스올에 버리지 아니하시며 주의 거룩한 자를 멸망시키지 않으실 것임이니이다. 주께서 생명의 길을 내게 보이시리니 주의 앞에는 충만한 기쁨이 있고 주의 오른쪽에는 영원한 즐거움이 있나이다."(시 16:8~11)

성령님과 인격적으로 친밀한 교제를 나누며 삶의 전반에 걸쳐 존중히 모시는 삶의 비결에 대해 자세히 말하자면 끝도 없습니다. 시간도 종이도 모자랄 것입니다. 내가 20대에 쓴 〈성령님과의 실제적인 교제법〉이란 책을 꼭 구입해서 읽어보기 바랍니다. 그 책엔 '얼대모도책' 다섯 가지 원리가 자세히 기록되어 있습니다.

첫째, 성령님의 얼굴을 보라.
둘째, 성령님과 대화를 나누라.
셋째, 성령님을 모시고 다니라.
넷째, 성령님께 도움을 구하라.

다섯째, 책전도와 책선교를 하라.

현실 안주하지 말고 더 큰 꿈을 가지라

당신은 어디서 당신의 꿈이 멈췄습니까?

작은 꿈 몇 가지가 이루어졌다고 만족하며 더 이상 꿈꾸지 않는 '종결 인생'을 살지 않습니까? 당신이 꿈꾸지 않으면 아무 일도 일어나지 않습니다. 성령님은 꿈과 함께 일하시는 분입니다. 성령님은 아브라함 이삭 야곱 요셉 모세 다윗 솔로몬에게 꿈을 주셨고 그들의 꿈을 이루기 위해 일하셨습니다.

생각의 그릇이 작은 사람은 작은 꿈 몇 가지에 만족할 것입니다. 생각의 그릇을 키워야 합니다. 나는 그동안 내가 하고 싶은 것을 마음껏 다하며 살았고 또 큼직한 꿈 몇 가지 외에는 대부분 다 이루었기 때문에 지금 죽어도 여한이 없다고 생각했습니다.

'나는 최고의 삶을 살았어. 내가 하고 싶은 것 다 하며 행복한 인생을 즐겼어. 지금 죽어도 아내와 자녀들이 평생 먹고 살 수 있는 자동 수입원을 만들어 놓았어. 내가 죽어도 내가 쓴 책들이 나의 분신이 되어 수백 년 동안 사람들에게 영향을 미칠 거야. 나는 더 이상 미련과 집착이 없어. 지금 죽어도 천국에 가니 만족해.'

그러던 어느 날 부산에서 며칠간 부흥회를 인도하고 있을 때였습니다. 호텔에 묵으며 나도 모르게 입버릇 습관처럼 '아, 행복하다. 지금 죽어도 여한이 없어'라고 생각하며 침대에 벌렁 누워 쉬는데 갑자기 죽음의 영이 내게 찾아와 귀에 속삭였습니다.

'그래, 네가 지금 죽어도 여한이 없다고 입버릇처럼 노래를 부르니 내가 당장 너를 죽이겠다. 네 소원대로 되게 해주지.'

나는 덜컥 죽음이 내 코앞에 다가온 것을 느꼈습니다. 때가 차서 하나님이 나를 데려가시는 것은 괜찮지만 그렇지 않은데 마귀가 내 몸을 일방적으로 건드리는 것은 허락할 수 없었습니다. 나는 예수 이름으로 단호하게 그 영을 대적하고 물리쳤습니다.

"마귀야, 물러가라. 내 영혼과 육체를 네게 맡기지 않겠다."

그래도 죽음의 영은 떠나지 않고 계속 내 마음을 두렵게 했습니다. 왜 그럴까요? 그 순간 나는 내 생각과 입버릇이 잘못되었음을 깨닫고 재빨리 머리를 굴려 죽음의 영을 물리칠 수 있는 성경 구절을 찾기 시작했습니다. 그러자 내가 고등학교 때 읽었던 잠언 3장 16절의 내용이 떠올랐습니다. "그의 오른손에는 장수가 있고 그의 왼손에는 부귀가 있나니……."

그동안 요한복음 3장 16절의 "하나님이 세상을 이처럼 사랑하사 독생자를 주셨으니 이는 그를 믿는 자마다 멸망하지 않고 영생을 얻게 하려 하심이라"는 말씀만 묵상하며 '나는 예수를 구주로 믿고 영생을 얻었어. 지금 죽어도 천국에 간다'고 생각했는데 그것이 다가 아니었습니다. 나는 잠언 말씀도 암송했습니다. "그의 오른손에는 장수가 있고 그의 왼손에는 부귀가 있나니 그 길은 즐거운 길이요 그의 지름길은 다 평강이니라."(잠 3:16~17)

그때 성령님께서 내 마음에 말씀하셨습니다.

'내 사랑하는 종 김열방아, 내가 너에게 영생을 주었다. 너는 지금 죽어도 천국에 넉넉히 들어간다. 하지만 그것으로 끝난 것이 아니다. 내가 너에게 지혜와 건강과 재능을 준 것은 이 땅에서 오래 살면서 수많은 사람들에게 복음을 전하므로 좋은 영향을 끼치게 하기 위함이다. 너는 네가 중얼거리는 것처럼 그렇게 빨리 죽지 않는다. 오래 살 것이다. 나는 지혜이며 내 오른손에는 장수가 있고 왼손에는 부귀가 있다. 나는 네게 하나님을 경외하는 지혜를 주었다. 나아가 장수와 부귀를 주기 원한다. 그러므로 너는 나와 마음을 합해야 한다. 네가 성경과 반대되는 말과 생각을 하는 것을 나는 기뻐하지 않는다. 너는 회개하라. 지금부터 믿음의 조상으로 장수와 부귀를 누린다고 생각하고 말하라. 너는 이 땅에서 오래 살며 대부호의 부를 받아 누릴 것이다. 지금 이 시간부터는 죽음에 대해서는 생각조차 하지 마라. 그런 망령된 생각을 하지 마라. 사람이 죽고 사는 것은 나에게 달린 것이다.'

나는 그 음성을 듣고 회개하기 시작했고 돌이켜 믿음의 말을 했습니다. "나는 그리스도 안에서 장수와 부귀를 누린다."

그리고 죽음의 영을 꾸짖어 쫓아 보냈습니다.

"예수 그리스도의 이름으로 명하노니 죽음의 영은 떠나가라."

그 영은 떠나갔고 이후로 나는 더 이상 죽음에 대한 두려움이 생기지 않았습니다. 나는 나 자신의 느낌이나 주위 사람들의 말, 더러운 영들의 속살거림을 받아들이지도 믿지도 않습니다. 나는 오직 성경 말씀과 성령님의 음성만 믿습니다. 당신도 하나님이 싫어하시는 망령된 생각과 말을 절대로 하지 마십시오.

부정적인 생각은 1초도 하지 마라

당신은 요즘 어떤 부정적인 생각이 자꾸 듭니까?

믿음으로 살기도 바쁜데 왜 부정적인 생각을 합니까? 하나님은 당신이 믿음으로 시작해서 믿음으로 살고 믿음으로 끝내기를 원하십니다. 한순간도 부정적인 생각을 하지 않기를 원하십니다.

1분 아니, 1초도 부정적인 생각을 할 틈을 주지 마십시오.

성령님과 함께 앞에 있는 푯대를 향해 달려가십시오.

'내가 죄를 짓고 타락하면 어떻게 하지?'

'내가 성령 충만과 각종 은사와 재능을 잃으면 어떻게 하지?'

'내가 불치의 병으로 침상에 누워 고생하면 어떻게 하지?'

'내가 모든 재산을 잃고 길거리에 나앉으면 어떻게 하지?'

'내게서 지혜가 떠나고 짐승처럼 미련해지면 어떻게 하지?'

'내가 징계를 받아 하나님께 버림받고 망하면 어떻게 하지?'

'내가 구원에서 떨어져 죽어 지옥에 가면 어떻게 하지?'

그렇게 생각하는 당신에게 주님께서 강력하게 책망하십니다.

"내 사랑하는 아들아, 그런 죄와 목마름, 병과 가난, 어리석음과 징계와 죽음에 대한 망령된 생각과 말은 아예 하지를 마라. 예수가 네 대신 그 모든 저주를 다 짊어지고 십자가에서 피 흘려 죽었다. 그러므로 너는 오직 의와 성령 충만, 건강과 부요함, 지혜와 평화와 영원한 생명에 대한 생각과 말만 하라. 나의 은혜를 조금도 의심하지 말고 완전히 믿으라. 너는 절대로 그렇게 망하지 않는다. 내가 나의 오른손으로 너를 붙들고 있다. 너를 내게서 빼앗을 자가 없다. 내가 너를 책임지고 지키고 보호하고 모든 필요를 공급하고 너를 크게 성공시키겠다. 나는 너의 하나님이다."

아브라함도 그런 두려움이 있었지만 하나님께서 그에게 나타나 조금도 의심하지 말고 완전히 믿으라고 말씀하셨습니다.

"아브람이 구십구 세 때에 여호와께서 아브람에게 나타나서 그에게 이르시되 나는 전능한 하나님이라. 너는 내 앞에서 행하여 완전하라. 내가 내 언약을 나와 너 사이에 두어 너를 크게 번성하게 하리라 하시니 아브람이 엎드렸더니 하나님이 또 그에게 말씀하여 이르시되 보라, 내 언약이 너와 함께 있으니 너는 여러 민족의 아버지가 될지라. 이제 후로는 네 이름을 아브람이라 하지 아니하고 아브라함이라 하리니 이는 내가 너를 여러 민족의 아버지가 되게 함이니라. 내가 너로 심히 번성하게 하리니 내가 네게서 민족들이 나게 하며 왕들이 네게로부터 나오리라."(창 17:1~6)

여기서 "완전하라"는 말씀은 '티끌만큼도 망령된 생각을 하지 말고 완전히 믿으라'는 뜻입니다. 당신도 하나님을 완전히 믿으십시오. 그분은 그분의 입을 열어 처음에 한 약속을 하나도 잊지 않고 끝까지 다 기억하고 지키는 언약의 하나님이십니다. 하나님께서 당신에게 한 언약은 때가 되면 반드시 다 이루어집니다.

"여호와께서 아브람에게 이르시되 너는 너의 고향과 친척과 아버지의 집을 떠나 내가 네게 보여 줄 땅으로 가라. 내가 너로 큰 민족을 이루고 네게 복을 주어 네 이름을 창대하게 하리니 너는 복이 될지라. 너를 축복하는 자에게는 내가 복을 내리고 너를 저주하는 자에게는 내가 저주하리니 땅의 모든 족속이 너로 말미암

아 복을 얻을 것이라 하신지라."(창 12:1~3)

하나님은 내게도 이 구절을 주시며 약속을 하셨습니다.

첫째, 하나님은 나로 큰 민족을 이루신다고 약속하셨습니다.

둘째, 하나님은 내 이름을 창대케 한다고 약속하셨습니다. 김열방의 이름이 아브라함의 이름처럼 심히 창대케 될 것입니다.

셋째, 하나님은 나를 복이 되게 하신다고 약속하셨습니다. 나는 하나님께 있어 존귀한 사람입니다. 나는 복의 근원이요 복덩어리입니다. 하나님이 택한 나를 축복하는 자는 하나님이 복을 내리시고 저주하는 자는 하나님이 저주를 내리실 것입니다.

넷째, 하나님은 땅의 모든 족속이 나를 통해 복을 받게 된다고 약속하셨습니다. 하나님은 아브라함을 믿음의 조상으로 세우신 것처럼 나 김열방을 믿음의 조상으로 세우셨습니다.

당신도 이런 복을 모두 받는다는 것을 믿으십시오. 믿음의 조상과 복의 근원이 되고 당신의 이름이 창대케 된다는 것을 확신하십시오. 당신을 통해 모든 족속이 복을 받게 될 것입니다.

부정적인 말은 한마디도 하지 마라

당신은 입만 열면 부정적인 말을 하지 않습니까?

부정적인 말은 한마디도 하지 마십시오. 부정적인 말을 하는 사람은 사귀지 마십시오. 만나지도 말고 함께 식사하지도 말고 말을 섞지 마십시오. 부정적인 사람은 '거차함가말' 하십시오.

부정적인 말은 전염성이 강해서 당신의 인생을 망칠 것입니다. 특히 남에 대해 부정적인 말을 옮기지 마십시오.

"이건 나만 아는 비밀인데, 그 사람이 어떻고……."

"그 사람이 너에 대해 이런 말을 했어."

그 말을 듣는 순간 당신에게는 안 좋은 감정이 생깁니다. 그리고 그 모든 사람들과 등지게 됩니다. 관계가 끊어집니다.

"두루 다니며 한담하는 자는 남의 비밀을 누설하나니 입술을 벌린 자를 사귀지 말지니라."(잠 20:19)

이것이 마귀가 하는 짓입니다. '마귀'란 이름에는 '쐐기를 박는다. 둘로 쪼갠다'는 뜻을 갖고 있습니다. 큰 얼음을 둘로 쪼갤 때 바늘 하나면 족합니다. 큰 바위를 둘로 쪼갤 때도 작은 정을 사용합니다. 마귀는 큰 사건으로 사람들을 쪼개는 것이 아닙니다. 큰 어려움이 터지면 오히려 사람들은 서로 똘똘 뭉칩니다. 마귀는 대부분 작은 바늘과 정 같은 것으로 인간관계를 쩍 하고 쪼갭니다. 부정적인 말 한마디를 들으면 그 사람과 등지게 됩니다.

"내가 그 사람의 비밀을 한 가지 알고 있어. 이건 절대로 다른 사람에게 말하면 안 돼. 나만 알고 있는 거야."

그러면서 남편과 아내, 자녀들에게 마구 옮기는데 그것이 얼마나 큰 죄인지 알아야 합니다. 남의 비밀을 숨겨야 합니다.

"두루 다니며 한담하는 자는 남의 비밀을 누설하나 마음이 신실한 자는 그런 것을 숨기느니라."(잠 11:13)

당신이 상관할 바가 아닙니다. 모두 그 사람의 인생이고, 그 사람의 가정이고, 그 사람의 자녀이고, 그 사람의 사업입니다. 사람마다 자기 인생이 있고 자기 길이 있습니다. 왜 부정적인 말을 듣고 옮깁니까? 교회 안에서도 절대 그런 짓을 하면 안 됩니다.

"내가 우리 목사님에 대해 비밀을 알고 있어. 등에 점이 있대."

"내가 우리 교회 집사님에 대해 이상한 말을 들었어."

그런 것을 옮기기 때문에 교회를 깨뜨리고 관계가 깨어져 평생 등지게 되는 것입니다. 자신도 등지고 남도 등지게 만듭니다.

당신이 어떤 말을 들었든지 절대 그것을 이웃에게 옮기지 마십시오. 당신과 함께 계신 성령님께만 말씀드리십시오.

"성령님, 금방 그 사람에게 이런 말을 들어서 속상합니다. 하지만 이 문제를 성령님께 다 맡기니 알아서 해결해 주십시오."

남의 비밀은 100년 후에 말하겠다고 결심하십시오.

100년 후에는 문제가 해결되어 말할 필요가 없어질 것입니다.

노아는 120년간 사람들을 정죄하거나 심판하지 않고 묵묵히 방주 짓는 일 곧 자기 일만 했습니다. 당신도 묵묵히 당신의 일만 하십시오. 부정적인 말은 듣지도 말고 말하지도 마십시오. "내게는 그런 부정적인 말을 하지 마세요"라고 딱 잘라 부탁하십시오.

부정적인 전화를 받으면 이렇게 말하십시오.

"그럴 수도 있지요. 크게 생각하면 아무것도 아닙니다."

"제가 기도할게요. 걱정하지 마세요. 잘 해결될 거예요."

순간마다 성령님을 의지하며 지략을 펼치십시오.

"지략이 없으면 백성이 망하여도 지략이 많으면 평안을 누리느니라."(잠 11:14)

성령님을 모시면 흔들리지 않는다

당신은 언젠가는 흔들려 다 잃는다는 생각이 들지 않습니까?

왜 그런 부정적인 생각을 가집니까? 반대로 생각하면 안 됩니까? "나는 하나님이 복을 주시므로 하루 만에 내 꿈과 소원이 다 이루어져. 하나님은 하루 만에도 다 주셔. 1초마다 복을 주셔."

1초마다 넘어질 것을 상상하는 사람은 평생 흔들리고 시험 들고 넘어지고 사고 나고 부도나고 병들고 가난해질 것입니다.

1초마다 복 받을 것을 상상하는 사람은 평생 1초마다 계속 하나님의 복이 토지소산 우양 가축에게 임할 것입니다.

내가 신학교에 다닐 때 수많은 신학생들이 흔들려 넘어질 것에 대해 상상하며 두려워하는 것을 보았습니다. 나는 말했습니다.

"나는 성령님 때문에 흔들리지 않는다."

그러자 한 명이 내게 비웃으며 말했습니다.

"선 줄로 아는 자는 넘어질까 조심하라고 했어요."

그게 그 사람의 믿음이었고 그는 자신의 믿음대로 흔들려 넘어졌습니다. 나도 나 스스로의 힘으로는 쉽게 넘어지겠지만 성령님이 나를 붙들고 계시기 때문에 안 넘어진다고 말했습니다.

"성령님이 나를 붙들고 계시므로 나는 안 흔들려요."

나는 지금까지 흔들린 적이 없습니다. 좀 흔들리면 어떻습니까? 성령님이 나를 붙들어 주시기 때문에 다시 일어납니다.

"대저 의인은 일곱 번 넘어질지라도 다시 일어나려니와 악인은 재앙으로 말미암아 엎드러지느니라."(잠 24:16)

당신도 성령님을 존중히 모시면 흔들리지 않습니다.

다윗은 성령님을 모시므로 흔들리지 않는다고 말했습니다.

"내가 여호와를 항상 내 앞에 모심이여, 그가 나의 오른쪽에 계시므로 내가 흔들리지 아니하리로다."(시 16:8)

성령님이 지키는 사람은 흔들리거나 망하지 않습니다.

"여호와여, 나를 눈동자 같이 지키시고 주의 날개 그늘 아래에 감추사……"(시 17:8)라고 했습니다. 성령님이 당신을 눈동자처럼 지키신다고 믿으십시오. 당신 안에 가득히 계신 성령님, 당신을 덮고 계신 성령님은 눈 깜박일 동안도 당신을 놓지 않고 지키십니다. 수도 파이프 안에 가득 찬 물은 1초도 쉬지 않고 계속 흐릅니다. 와, 오늘부터 1초마다 하나님의 복이 임한다고 믿으십시오.

"네가 네 하나님 여호와의 말씀을 삼가 듣고 내가 오늘 네게 명령하는 그의 모든 명령을 지켜 행하면 네 하나님 여호와께서 너를 세계 모든 민족 위에 뛰어나게 하실 것이라. 네가 네 하나님 여호와의 말씀을 청종하면 이 모든 복이 네게 임하며 네게 이르리니 성읍에서도 복을 받고 들에서도 복을 받을 것이며 네 몸의 자녀와 네 토지의 소산과 네 짐승의 새끼와 소와 양의 새끼가 복을 받을 것이며 네 광주리와 떡 반죽 그릇이 복을 받을 것이며 네가 들어와도 복을 받고 나가도 복을 받을 것이니라. 여호와께서 너를 대적하기 위해 일어난 적군들을 네 앞에서 패하게 하시리라. 그들이 한 길로 너를 치러 들어왔으나 네 앞에서 일곱 길로 도망하리라. 여호와께서 명령하사 네 창고와 네 손으로 하는 모든 일에 복을 내리시고 네 하나님 여호와께서 네게 주시는 땅에서 네게 복을 주실 것이며 여호와께서 네게 맹세하신 대로 너를 세워 자기의 성민이 되게 하시리니 이는 네가 네 하나님 여호와의 명령을 지켜 그 길로 행할 것임이니라. 땅의 모든 백성이 여호와의 이름이 너를 위하여 불리는 것을 보고 너를 두려워하리라. 여호와께서 네게 주리라고 네 조상들에게 맹세하신 땅에서 네게 복을 주사 네 몸의 소생과 가축의 새끼와 토지의 소산을 많게 하시며 여호와께서 너를 위하여 하늘의 아름다운 보고를 여시사 네 땅에 때를 따라 비를 내리시고 네 손으로 하는 모든 일에 복을 주시리니 네가 많은 민족에게 꾸어 줄지라도 너는 꾸지 아니할 것이요. 여호와께서 너를 머리가 되고 꼬리가 되지 않게 하시며 위에만 있고 아래에 있지 않게 하시리니 오직 너는 내가 오늘 네게 명령하는 네 하나님 여호와의 명령을 듣고 지켜 행하며 내가 오늘 너희에게 명령하는 그 말씀을 떠나 좌로나 우로나 치우치지 아니하고 다른 신을 따라 섬기지 아니하면 이와 같으리라."(신 28:1~14)

두려움이 없으면 무엇이든 할 수 있다

당신은 무엇을 가장 두려워합니까?
나는 예전에 사람들의 비난이 두려웠습니다. 그래서 움츠려 들고 가슴이 떨렸습니다. 하지만 이제는 그런 두려움이 없습니다.
하루는 성령님이 내게 이런 질문을 하셨습니다.
"아들아, 두려움이 없다면 너는 무엇을 하겠느냐?"

내가 두려움 때문에 못하고 있는 것이 너무나 많았기 때문에 성령님이 그런 질문을 하신 것입니다. 그 두려움의 대부분은 한 가지로 귀결되었는데 바로 '비난에 대한 두려움'이었습니다.

"아들아, 믿음으로 물 위를 걸어라. 한걸음만 움직여라. 그러면 두려움이 사라진다. 사람의 말을 듣지 말고 내 말을 들어라."

두려움이 없으니 죄를 짓는 것만 아니면 무엇이든 할 수 있게 되었습니다. 당신은 무엇이 두렵습니까? 성령님의 음성에만 귀를 기울이고 그분의 음성을 따라서만 사십시오. 부정적인 사람들은 '거차함가말' 하십시오. '거절, 차단, 함께 있지 않음, 가만히 둠, 말을 걸지 않음' 등인데 그렇게 하면 두려움이 사라집니다.

부정적인 사람과 말을 섞지 마십시오. 그들을 만나지도 마십시오. 그들의 문자를 지우고 잊으십시오. 그들은 당신의 주인이 아닙니다. 오직 성령님이 당신의 주인입니다. 성령님을 모시고 사십시오. 그러면 두려움이 없이 마음껏 꿈을 이룰 수 있습니다.

두려움이 없으면 마음껏 책을 써내고 강연할 수 있습니다. 마음껏 전국과 세계를 다니며 복음을 전할 수 있습니다. 마음껏 집과 땅과 빌딩을 살 수 있습니다. 당신의 인생이 달라집니다.

당신 안에 큰 생명이신 예수님이 계신다

당신은 혹시 죽음에 대해 두려움이 없습니까?
"교통사고 나고 암에 걸려 죽으면 어떻게 하지?"

그런 망령된 생각은 1초도 하지 마십시오. 빨리 죽는다고 생각하지 말고 오래 산다고 생각하십시오. 장수에 대해 의심하지 말고 믿으십시오. 예수님이 당신 대신 징계를 받아 죽으셨습니다.

"예수께서 이르시되 나는 부활이요 생명이니 나를 믿는 자는 죽어도 살겠고 무릇 살아서 나를 믿는 자는 영원히 죽지 아니하리니 이것을 네가 믿느냐?"(요 11:25~26)

당신 안에 들어와 계신 예수님은 큰 생명, 새 생명, 영원한 생명이십니다. 당신 밖에 있는 문제는 모두 작은 것들입니다. 큰 생명으로 작은 문제들을 다스리십시오. 당신은 영생을 가졌습니다.

예수님은 요한복음 6장 47절에 분명히 말씀하셨습니다.

"진실로 진실로 너희에게 말한다. 믿는 자는 영생을 가졌다."

영생은 죽어서 천국에 가면 시작되는 것이 아닙니다. 예수를 구주로 믿는 그 순간부터 시작됩니다. 당신 안에 영원한 생명이 있습니다. 당신 안에 하나님의 나라 곧 천국이 있습니다. 천국은 당신 안에서부터 시작되었습니다. "또 여기 있다 저기 있다고도 못하리니 하나님의 나라는 너희 안에 있느니라."(눅 17:21)

이제는 의학과 과학이 발달되어 50대, 60대에 죽지 않고 100세 이상을 삽니다. 모두들 100세 시대가 왔다고 말합니다. 1900년대에는 평균 수명이 48세에 불과했는데 78세로 늘어났고 지금은 100세로 늘어났습니다. 이 책을 읽는 당신은 120세 이상 살 것입니다. 나는 200세까지 산다는 믿음이 있습니다. 다른 분들에게는 그렇게 말하니까 잘 안 받아들이는 것 같아서 그냥 120세까지 산다고 말해 주고 있습니다. 당신은 얼마까지 살고 싶습니까?

120세입니까? 200세입니까? 당신의 믿음대로 될 것입니다.

중국의 이경원(1677~1933)이라는 사람은 256세까지 살았습니다. 그는 150세가 되었을 때 중국 정부로부터 150세 확인 증서를 받았고 200세와 250세가 되었을 때도 확인 증서를 받았습니다. 1933년에 그가 사망했을 때 신문에 크게 기사화 되었습니다.

그는 자신의 장수 비결에 대해 이렇게 말했습니다.

"마음에 평화를 가지고 깨끗한 음식을 소식하면 장수한다."

한국의 김수로 왕(金首露王)과 왕비는 150세까지 살았다고 기록되어 있습니다. 그 당시에는 왕이 직접 나가 전쟁을 했는데 그래도 건강하게 오래 살았습니다. 내가 지방에 강연하러 가서 김수로왕과 왕비가 150세까지 살았다는 묘비를 보고 놀랐습니다.

"사람이 한 나라를 다스리고 전쟁을 많이 한다고 해서 또 작은 문제로 스트레스를 많이 받는다고 빨리 죽는 게 아니구나. 자신을 잘 관리하고 문제보다 백배로 더 크게 생각하며 행복한 마음으로 살면 장수하는구나. 나도 150세 이상 살아야지. 하나님의 자녀인 내가 그 사람보다 못한 것이 뭐 있어? 오래 사는 것이 얼마든지 가능해. 나는 하나님을 경외하기 때문에 장수할 거야."

당신은 결코 빨리 죽지 않습니다. 정말 120세까지, 150세까지 오래 산다는 것을 믿어야 합니다. 이제 나이가 마흔이요 쉰 밖에 안 되었는데 "내 인생 끝났어. 그냥 하루하루 내일 도살당할 돼지처럼 아무거나 먹고 살다가 죽으면 끝이야, 오늘이라도 주님께서 내 생명을 거둬 가시면 그만이지"라며 산다면 참으로 한심합니다.

나는 200세까지 살다가 죽으면 천국에서 그리스도와 함께 영원히 건강하고 행복하게 살 것입니다. 하나님은 그분을 경외하는 자에게 부귀와 장수를 주겠다고 그분의 입술로 약속하셨습니다.

"지혜를 얻은 자와 명철을 얻은 자는 복이 있나니 이는 지혜를 얻는 것이 은을 얻는 것보다 낫고 그 이익이 정금보다 나음이니라. 지혜는 진주보다 귀하니 네가 사모하는 모든 것으로도 이에 비교할 수 없도다. 그의 오른손에는 장수가 있고 그의 왼손에는 부귀가 있나니 그 길은 즐거운 길이요 그의 지름길은 다 평강이니라."(잠 3:13~17)

가난을 끊고 부요 믿음을 대물림하라

당신은 인생이 살기 힘들다고 여기지 않습니까?

"어휴, 끝도 없는 돈 문제 때문에 너무 힘들어. 죽고 싶어."

물론 죽으면 돈 문제는 끝납니다. 하지만 당신이 가난하게 살면서 재정 관리를 제대로 못하고 큰 빚을 지면 그 빚이 자녀에게까지 물려질 수도 있다는 사실을 기억해야 합니다. 지혜로운 조상은 자손에게 가난을 상속하지 않고 부를 상속합니다.

아브라함은 이삭과 서자들에게 재산을 상속했습니다.

"아브라함이 이삭에게 자기의 모든 소유를 주었고 자기 서자들에게도 재산을 주어 자기 생전에 그들로 하여금 자기 아들 이삭을 떠나 동방 곧 동쪽 땅으로 가게 하였더라. 아브라함의 향년이 백칠십오 세라."(창 25:5~7)

당신은 어떻게든 당신의 대에서 가난을 끊고 하나님께 물질의 축복을 받아야 합니다. 당신의 자녀에게 가난을 물려주면 안 됩니다. 당신의 대에서 가난을 끊고 하나님의 부를 받아 누리는 것, 어떻게 그것이 가능할까요?

지혜의 영이신 성령님을 모시고 그분과 동업하면 됩니다.

"오직 지혜는 성공하기에 유익하니라."(전 10:10)

지혜만 있으면 얼마든지 성공할 수 있습니다. 지혜가 있으면 마음이 넓어지고 원하는 모든 것을 다 얻을 수 있습니다. 지혜는 어떻게 생길까요? 지혜의 영이신 성령님을 모시고 살 때 그분으로부터 공급받습니다. 지혜는 한마디로 말하면 '크게 생각하는 것'입니다. 크신 성령님을 모시면 당신도 크게 생각하게 됩니다.

"하나님이 솔로몬에게 지혜와 총명을 심히 많이 주시고 또 넓은 마음을 주시되 바닷가의 모래 같이 하시니……."(왕상 4:29)

더 큰 지혜가 필요하면 하나님께 구하라

당신은 어느 정도의 지혜가 있습니까?

사람마다 지혜의 분량이 있습니다. 더 큰 지혜를 구하십시오.

야고보는 "너희 중에 누구든지 지혜가 부족하거든 모든 사람에게 후히 주시고 꾸짖지 아니하시는 하나님께 구하라. 그리하면 주시리라"(약 1:5)고 했습니다. 하나님은 구하는 사람에게 지혜를 주십니다. 당신이 지혜가 부족한 것은 구하지 않았기 때문입니다.

하나님이 이미 지혜를 주셨지만 때로는 더 큰 문제를 해결하기 위한 더 큰 지혜가 필요하다는 말입니다. 예수님은 우주에서 가장 크신 분입니다. '예수님이라면 어떻게 하셨을까?'라고 생각하면 대부분의 문제는 쉽게 해결됩니다. 예수님은 아브라함 이삭 야곱 요셉 모세 다윗 솔로몬보다 억만 배나 크신 분입니다.

예수님은 세상의 모든 왕들과 박사들보다 크신 분입니다.

나는 20세에 하나님께 지혜를 구했고 받았습니다.

그 이후로 간혹 문제 해결을 위한 특별한 지혜가 필요한 적이 있었습니다. 그때마다 나는 은을 찾고 금을 찾듯이 지혜를 찾았고 성령님께 도움을 구했습니다. 성령님은 내게 꼭 필요한 지혜를 계속 공급해 주셨고 쉽게 그 문제를 해결했습니다. "지혜가 제일이니 지혜를 얻으라. 네가 얻은 모든 것을 가지고 명철을 얻을지니라."(잠 4:7) 첫째, 성령님은 내게 세미한 음성으로 지혜를 주셨고 둘째, 성경 말씀을 떠올리므로 지혜를 주셨고 셋째, 천재적인 책들을 통해 지혜를 주셨습니다.

대부분의 문제는 백배로 크게 생각하니 저절로 해결되었습니다. 당신도 문제보다 백배로 크게 생각하십시오.

천재의 위치에서 럭셔리 칼라의 삶을 살라

당신은 어떤 것을 지혜라고 생각하십니까?

원종수 권사님처럼 교과서를 한 번만 보면 사진 찍듯이 머릿속에 찰각찰각 찍혀 서울대를 수석으로 졸업하고 의사가 되는 것 곧 '학과 공부를 잘하는 것이 지혜'라고 생각하는 사람들이 많습니다. 그것은 '기억력'인데 지혜의 아주 작은 한 부분에 불과하고 수재의 지혜입니다. 수재의 지혜로는 학교에서 100점 맞고 수석으로 입학과 졸업을 반복하면서 전문인이 됩니다. 의사, 박사, 교사, 교수가 되는 것입니다. 결코 교과서와 학교, 칸막이와 상자의 세계에서 벗어나지 못합니다. 천재적인 지혜는 그것보다 훨씬 더 큽니다. 천재적인 지혜는 '창조적인 지혜'입니다. 천재적인 지혜를 가진 사람은 학교에 취직하는 것이 아닌 학교를 세웁니다. 대기업에 취직하는 것이 아닌 대기업을 일으킵니다. 교과서에 나오는 예술 작품을 외우는 것이 아닌 직접 그리고 만들어 냅니다.

세상에는 지혜의 종류가 다섯 가지로 구분됩니다.

'바범수영천' 곧 바보, 범재, 수재, 영재, 천재입니다.

각 사람이 가진 지혜의 분량에 따라 삶의 방식이 달라집니다.

바보는 우상을 숭배하는 나쁜 지혜로 '블랙 칼라의 삶'을 삽니다. 범재는 평범하게 노동을 해서 먹고 사는 지혜로 '블루 칼라의 삶'을 삽니다. 수재는 암기 위주의 공부를 잘 해서 '화이트 칼라의 삶'을 삽니다. 영재는 주위에 있는 것들을 잘 조합하고 활용해서 '골드 칼라의 삶'을 삽니다. 천재는 자신의 삶과 깨달음을 끄집어 내 팔며 '럭셔리 칼라의 삶'을 삽니다.

럭셔리 칼라는 오색찬란한 신비한 채색입니다.

다이아몬드는 딱히 어떤 색깔이라고 말하기 어렵습니다.

여러 가지 빛깔이 오묘하게 어우러져 아름다운 천상의 빛을 발산하기 때문입니다. 하나님은 우리가 오색찬란한 무지개 빛깔 곧 채색 빛을 발하는 럭셔리한 삶을 살기 원하십니다.

하나님은 당신에게 큰 가치를 부가하셨다

골드 칼라인 금은 천국의 길바닥에 깔려 있는 흔한 것입니다. 솔로몬 시대에 금을 돌처럼 흔하게 썼다고 했습니다. 실제로 천재들은 금을 돌처럼 흔하게 씁니다. 어떻게 그것이 가능할까요? 당신이 가진 제품에 대해 영재의 위치에서 '부가가치'를 일으키는 것이 아닌 천재의 위치에서 '가치 부가'를 하면 됩니다.

부가가치는 제품에 두 배에서 열 배 정도의 가격을 매기지만 가치 부가는 제품에 백배에서 천 배의 가격을 매깁니다. 그래도 사람들은 그 가치를 인정하고 열광적으로 구매합니다. 억대 수입을 올리는 것은 부가 가치의 길이 아닌 가치 부가의 길을 가면 됩니다. 나는 실제로 그렇게 하고 있습니다. 당신도 천재적인 지혜만 있으면 얼마든지 억대 수입을 올리고 성공할 수 있습니다.

"오직 지혜는 성공하기에 유익하니라"(잠 10:10)고 했습니다.

참된 지혜는 무엇일까요? 지혜는 단순한 방법이나 기술이 아닌 인격자이신 예수님입니다. 예수님은 자신에 대해 "나 지혜는 그 행한 일로 인하여 옳다 함을 얻느니라"고 하셨습니다.

솔로몬보다 수억 배나 더 큰 지혜, 솔로몬을 지혜롭게 한 큰 지혜는 다름 아닌 바로 예수님이십니다. 예수님이 지혜입니다.

율법주의 일만 스승들은 죄인들로 하여금 일만 가지 율법 행위와 고행과 도를 닦음, 인간이 만든 온갖 방법과 프로그램, 인간의 피와 땀과 눈물을 흘리므로 부가가치를 일으켜 하나님께 인정받아야 한다고 가르쳤지만 예수님은 십자가에 매달려 자신의 피와 땀과 눈물로 죄와 저주의 값을 다 지불한 후에 죽으셨고 사흘 만에 부활하셨습니다. 그분이 이렇게 말씀하셨습니다.

"누구든지 나 예수 그리스도의 속량의 은혜를 믿기만 하면 모든 죄를 사함 받고 성령으로 거듭나게 된다. 또한 하나님의 의를 선물로 얻게 되고 '하나님의 자녀의 권세'라는 최고의 가치를 부가 받게 된다. 이것은 인간의 노력에 의한 부가 가치가 아닌 하나님의 은혜로 말미암은 가치 부가다. 거듭남은 가치 부가다."

그분은 수재나 영재의 위치에서 당신에게 부가가치를 일으키는 것이 아닌 천재의 위치에서 가치를 부가하는 일을 하셨습니다.

죄를 사함 받고 성령으로 거듭난 사람은 하나님께 완전히 받아들여지고 억만 금의 가치가 부가되었습니다. "너희는 택하신 족속이요 왕 같은 제사장들이요 거룩한 나라요 그의 소유가 된 백성이니"(벧전 2:9)라고 했습니다. 당신은 왕처럼 존귀한 자입니다.

예수님은 누구실까요? 우주 만물보다 억만 배나 크신 하나님의 아들입니다. 그분은 하나님이십니다. 그러므로 예수님을 모신 당신도 크게 생각해야 합니다. 백배, 천배로 크게 생각하십시오.

예수님은 하나님의 아들인데 인간의 몸을 입고 이 땅에 오셔서 우리의 모든 죄와 목마름, 병과 가난, 어리석음과 징계와 죽음을 다 짊어지고 십자가에서 피와 땀과 눈물을 흘리며 비참하게 죽으셨습니다. 그분은 죄가 없는 분이시므로 죽은 지 사흘 만에 부활하셨습니다. "예수는 우리 범죄함을 위하여 내어 줌이 되고 또한 우리를 의롭다 하심을 위하여 살아나셨느니라(롬 4:25)고 했습니다. 그분은 지금 믿는 자들 속에 성령으로 들어와 살고 계십니다.

지금 이렇게 마음으로 믿고 입으로 고백하십시오.

"예수 그리스도가 내 안에 실제로 살아 계신다."

이것이 복음입니다. 이 복음이 나를 완전히 변화시켰습니다.

나는 예수님을 사랑합니다. 많이 사랑합니다. 당신도 나처럼 예수님을 마음의 중심에 모시고 살면 이 땅에서 장수할 뿐만 아니라 천국에서 영원히 행복한 대부호의 삶을 살게 됩니다. 예수님은 "나는 부활이요 생명이다. 나를 믿는 자는 죽어도 살겠고 무릇 살아서 나를 믿는 자는 영원히 죽지 않는다"고 하셨습니다.

날마다 더 큰 꿈을 꾸며 가슴 뛰는 삶을 살라

인생은 이생과 내세, 모두 소중합니다.

죄와 목마름, 병과 가난, 어리석음과 징계와 죽음에 대한 문제가 해결된 사람은 어떻게 살아야 할까요? 마냥 죽어서 천국 가는 것만 고대해야 할까요? 이 땅에서 근근이 먹고 살며 예수님의 재림만 기다려야 할까요? 아닙니다. 에녹처럼 하나님과 동행하며 행복한 삶을 살고 아브라함처럼 믿음의 조상과 복의 근원으로 모든 것을 풍성히 누리는 최고의 럭셔리한 인생을 살아야 합니다.

아브라함과 이삭, 야곱과 요셉, 모세와 다윗, 솔로몬처럼 큰 꿈을 꾸어야 합니다. 은퇴한 다음 매달 꼬박꼬박 나오는 연금으로 겨우 생명을 연장해 나가는 맥없는 노인의 삶을 살아선 안 됩니다. 돼지나 소를 보십시오. 실컷 먹여 하루하루 생명을 연장시키지만 어느 날 갑자기 도살합니다. 그들은 도살하기 위해 키우는 것입니다. 우리는 그렇게 살면 안 됩니다. 단순히 먹고 마시고 자고 깨고 평범하게 사는 것이 아닌 하나님과 함께 위대한 꿈을 품고 살아야 합니다. 하나님은 우리에게 성령을 부어 주셨습니다.

성령이 임한 사람의 특징은 눈을 뜨고 큰 꿈을 꾸는 것입니다.

성경에 "하나님이 말씀하시기를 말세에 내가 내 영을 모든 육체에 부어 주리니 너희의 자녀들은 예언할 것이요 너희의 젊은이들은 환상을 보고 너희의 늙은이들은 꿈을 꾸리라"(행 2:17)고 했습니다. 가슴 설레는 아주 큰 꿈을 꾸십시오.

당신은 아직 늙은이가 아닙니다. 일흔이요 여든이라 할지라도 꿈이 있다면 아직 청년입니다. 소중한 당신의 인생, 무엇에 발목 잡혀 옴짝달싹 못 하고 있습니까? 그렇게 움츠리고 살 필요가 없습니다. 80세라 할지라도 당신은 새로운 공부를 할 수 있습니다.

모세는 애굽의 왕궁에서 40년, 광야에서 40년을 보냈지만 80세에 하나님의 음성을 듣고 새 인생을 출발했습니다. 당신이 80세여도 성령님이 함께 하시면 무엇이든 할 수 있습니다.

지금은 다들 100세 시대라고 말합니다. 80세라도 20년을 더 살아야 합니다. 20년이면 무엇이든지 할 수 있는 기간입니다. 120세까지 산다면 40년을 더 살아야 합니다. 40년이면 모세처럼 나라를 구할 수도 있습니다. 성령님과 함께 큰 꿈을 가지십시오.

당신도 책을 쓰겠다는 꿈을 가지고 도전하라

80세가 된 사람도 지금부터 대학을 4년 다니고 대학원 3년 공부한 후 졸업하면 87세에 전문가로 인정받고 박사 학위를 받을 수 있는 길이 열립니다. 그렇게 해서 87세가 되어도 앞으로 살날이 많습니다. 120세까지 산다고 하면 33년을 더 살아야 하고 150세까지 산다면 63년을 더 살아야 합니다. 엄청 긴 세월입니다.

"내가 지금 80세인데. 언제 죽을까? 늙으면 빨리 죽어야지."

그런 고민은 할 필요 없습니다. 죽고 사는 것은 하나님께 달려 있습니다. 하나님이 고민하실 일을 왜 당신이 고민합니까?

그렇다고 내가 지금 당신에게 다시 대학교에 가서 공부하라고 권하는 것은 아닙니다. 언제까지 가방 메고 다니면서 교과서를 외우고 시험 치는 학과 공부만 하겠습니까? 이제는 끄집어내는 공부를 해야 합니다. 책을 쓰고 강연하는 방법을 배워야 합니다. 그것도 천재멘토인 나를 만나면 4년이나 3년이 아닌 한 시간 만에 배울 수 있습니다. 며칠 전에 한 사람이 내게 말했습니다.

"김열방 목사님, 제 나이가 74세이고 남편은 80세인데 우리는 한국에서 아주 큰 시계 사업을 했습니다. 지금도 남편은 땅과 빌딩이 많습니다. 제 평생의 소원은 제 이름과 이야기가 담긴 책을 한 권 써내는 것입니다. 저도 과연 책을 써낼 수 있을까요?"

"그럼요. 얼마든지 가능합니다. 책을 써내는 것은 인생에 있어 가장 중대한 일이며 여러 가지 큰 유익이 있습니다. 책 출간은 평생의 꿈이 성취되는 것이며, 주위 사람들에게 성공했다고 인정받습니다. 책을 쓰므로 자신의 과거를 정리하고 현재를 정확히 알게 되고 미래를 예견하게 됩니다. 책을 쓰는 것만큼 자기 계발에 큰 도움이 되는 것은 없습니다. 다른 사람이 쓴 책을 천 권 읽는 것보다 자신의 책을 한 권 쓰는 것이 백배 낫습니다. 책을 써내면 평범한 동네 아줌마에서 작가 선생님으로 위치가 상승하게 됩니다. 사람은 한 번 태어나면 늙어 죽습니다. 그러므로 책을 통해 많은 분신을 만들어 놓아야 합니다. 책은 나의 분신이 되어 내 대신 전국과 세계의 수많은 독자들을 일대일로 만나 영향을 끼칩니다. 또한 책 마케팅을 통해 자신의 몸값을 높이게 됩니다. 사람은 납골당이나 묘비가 아닌 책에 이름을 남겨야 합니다. 내 이름이 박힌 책이 도서관과 서점, 책장에 꽂혀 후손들에게 읽히게 해야 합니다. 책을 통해 그동안 깨달은 지혜를 자녀에게 상속하게 됩니다. 책을 출간하면 작가에게 신적 권위가 나타납니다. 옷은 10년이고 건물은 100년이지만 책은 천 년 동안 남습니다. 책은 자손 천대까지 남습니다. 만사를 제쳐 두고 꼭 책을 내세요."

그분은 지금 부지런히 책을 쓰고 있습니다.

당신은 하나님의 장수 유전자를 갖고 있다

당신은 몇 살까지 살 거라고 믿습니까?

나는 200세 이상 산다는 믿음이 있습니다.

내가 김수로왕보다 못한 게 뭐 있겠습니까? 혈통과 육정과 사람의 뜻에 상관없이 나는 믿음의 계보를 잇고 있습니다.

나의 조상은 노아 에녹 아브라함 이삭 야곱 요셉 모세 다윗 등입니다. 그들은 모두 이 땅에서 하나님을 경외하며 부귀와 장수를 누렸습니다. 성경에 나오는 믿음의 조상들은 장수 유전자를 갖고 있는데 나도 그들처럼 장수 유전자를 갖고 있습니다.

유전자(gene, 遺傳子)는 부모에게서 자식으로 물려지는 특징 즉 '형질을 만들어 내는 인자(因子)'로 유전 정보의 단위를 말합니다. 당신은 성령으로 말미암아 하나님의 자녀로 거듭났기 때문에 신(神)의 유전자, 장수 유전자, 천재 유전자를 소유하고 있습니다. 신의 소생이 된 것입니다. 성경에도 "우리가 그를 힘입어 살며 기동하며 있느니라. 너희 시인 중에도 어떤 사람들의 말과 같이 우리가 그의 소생이라 하니 이와 같이 신의 소생이 되었은즉"(행 17:28~29)이라고 했습니다. 당신은 신의 소생입니다.

신 곧 하나님의 소생이 되었으면 하나님처럼 크게 생각하고 크게 살아야 합니다. 그리스도 안에서 하나님의 의와 성령 충만, 건강과 부요, 지혜와 평화와 영원한 생명을 마음껏 누리며 행복한 삶을 살아야 합니다. 하나님의 자녀답게 멋지게 살아야 합니다.

작은 돈 문제 때문에 궁상떨지 마라

어떤 일이 있어도 궁상떨지 말아야 합니다.

당신은 작은 돈 문제 때문에 궁상떨지 않습니까? 나도 한때 궁상을 많이 떨었지만 이제는 더 이상 궁상떨지 않고 하나님의 부요 믿음으로 살고 있습니다. 그 결과 날마다 행복한 대부호의 길을 걷고 있습니다. 당신도 오늘 궁상떠는 것을 졸업하기 바랍니다.

"궁상떨다"라는 말은 '어렵고 힘든, 가난한 상태가 드러나 보이도록 사람들 앞에서 연기한다'는 의미이며 "궁상맞다"는 말도 '초라하고 꾀죄죄해 보이도록 연기한다'는 뜻입니다. 그런 쓸데없는 연기를 하지 말아야 합니다. 사람은 그렇게 자신이 연기한 대로 평생 살게 되기 때문입니다. 연기한 것이 자기 믿음이 됩니다.

돈 궁상, 옷 궁상, 음식 궁상, 차 궁상, 집 궁상 등을 떠는 사람들이 있습니다. 그 중에 "나는 시간이 없어. 예배할 시간도 없고 산책할 시간도 없어" 하면서 시간 궁상떠는 사람도 있는데 그것이 가장 큰 꼴불견입니다. 시간도 제대로 관리하지 못하는 사람이 어떻게 재물을 제대로 관리하겠습니다. 그래서 평생 가난한 것입니다. "나는 시간이 많아. 항상 여유 있어" 하며 시간 재벌로 살며 하나님과 자신과 이웃을 사랑하기 위해 시간을 내야 합니다.

나는 하루에 한 시간 정도 책을 읽고 책을 쓰고 산책을 합니다.

오전 9시쯤에 일을 끝낸 후에 자리에서 일어나는데 그때 다른 사람들이 우르르 출근해서 승강기 앞에 줄 서 있는 모습이 보입니다. 그때 나는 바깥으로 나가 성령님과 함께 드라이브를 합니다.

오늘도 여덟 시간 푹 자고 일어나니 아침 6시였습니다.

세수와 양치, 머리를 감고 드라이를 한 후 올리브기름을 약간

발랐습니다. 가장 좋은 옷을 꺼내 입고 멋진 구두를 신고 은은한 향수를 살짝 뿌린 후 집을 나서 예쁜 삼각별이 빛에 반사되어 반짝이는 벤츠에 앉아 시동을 부릉 걸었습니다. 올림픽대로에 오르니 차들이 많았습니다. 7시도 안 되었는데 올림픽대로는 출근하는 승용차들로 가득 차 있었습니다. 나는 첫 번째 다리인 영동대교로 빠져서 바아앙 하고 강변북로를 신나게 달렸습니다. 음악을 크게 틀고 서울 시내와 다른 방향, 차가 없는 길로 달리는 것입니다. 행복이 폭발합니다. 나는 성령님께 사랑을 고백했습니다.

"성령님, 사랑합니다. 아, 행복합니다."

시간이 많다, 돈이 많다고 말하라

당신은 언제 중요한 일을 처리합니까?

나는 오전에 대부분의 중대한 일을 처리하고 끝냅니다.

나는 이른 아침 아무도 없는 조용한 카페에 혼자 앉아 음악을 들으며 성령님과 은밀히 교제를 나누며 깨달음을 얻기 위한 독서를 합니다. 깨달음이 오면 창밖을 멍청히 내다보며 깊은 생각에 빠집니다. 나는 시간 부자입니다. "나는 항상 시간이 많아"라며 아침마다 카페에 가서 혼자 앉아 책을 읽고 깨달음을 얻는 최고의 럭셔리한 시간을 가집니다. 이것이 나의 큰 행복입니다.

그리고 한두 시간 정도 책을 쓰고 한적한 공원길을 산책합니다. 돈보다 더 귀한 것은 시간이며 시간이 진정한 재산입니다. 당신도 시간이 많다고 말하며 모든 것을 누리십시오. 시간이 없다는 부정적인 말을 하지 마십시오. 시간 궁상을 떨지 마십시오.

나는 시간이 없다는 말을 하지 않습니다. 시간이 많다고 말합니다. "나는 시간이 많아"라고 말하며 매일 30분씩 집에서 운동을 합니다. "나는 시간이 많아"라고 말하며 매일 한 시간 정도 아이들과 뒹굴며 놉니다. "나는 시간이 많아"라고 말하면 매일 아내와 함께 5천에서 만 보를 산책합니다. 5천보는 한 시간 정도 걸리고 만 보는 두 시간 정도 걸립니다. "나는 시간이 많아"라고 말하며 매일 여덟 시간 잠을 푹 잡니다. 이 모든 순간 나는 행복합니다.

"나는 시간이 없어"라고 말하는 사람은 항상 시간에 쫓깁니다. "나는 돈이 없어"라고 말하는 사람은 항상 돈에 쫓깁니다. 없어도 "있다, 있다" 하는 사람은 더 많이 받아 있게 되고 있어도 "없다, 없다" 하는 사람은 그 있는 것도 다 빼앗기게 됩니다. 당신은 어떤 말을 입버릇처럼 하고 있습니까? 인생은 입버릇대로 됩니다.

시간이 많은 사람이 진짜 대부호입니다. 돈을 많이 버는 것은 결국 다른 사람의 시간을 사기 위함입니다. 내 대신 잡다한 일을 해줄 좋은 사람들을 고용하고 그 시간에 나만의 여유를 즐기는 것이죠. 당신도 "시간이 없다"는 거짓말에 속지 말고 시간을 내어 당신에게 주어진 모든 것을 누리며 사십시오. 우선순위를 정하면 가능합니다. 이것이 천재들이 누리는 행복과 자유의 삶입니다.

나는 시간과 돈이 많습니다. 당신도 시간과 돈에 궁상떨지 말고 부요 믿음으로 당신이 하고 싶은 것을 다 하며 살아야 합니다. 나는 지금까지 내가 하고 싶은 것을 다하고 갖고 싶은 것을 다 가지며 살아왔습니다. 나의 아버지 하나님이 그렇게 되게 해주신 것입니다. "한 가지만 아닌 전부를 다 가질 수 있다고요?"

그렇습니다. 그만큼 하나님의 자녀의 인생은 풍요롭습니다.

당신도 하나님 아버지께 무엇이든지 구하십시오. 하나님 아버지는 전지전능하신 분이어서 당신이 길을 걸으며 입을 열어 한마디만 구해도 다 주십니다. 모든 것을 넘치게 주십니다.

어릴 때 일류를 경험하면 평생 일류로 산다

당신은 지금까지 어떤 종류의 차를 타 보았습니까?

모든 차를 몇 천만 원 주고 사서 타야 하는 것은 아닙니다.

어떤 차는 3년, 5년, 10년을 타지만 어떤 차는 30분만 타면 됩니다. 30분만 타려면 시승을 하면 됩니다. 시승은 무료로 렌트하는 것이며 자동차 전시장에 전화를 걸어 신청하면 됩니다. 인생은 모두 빌리는 것입니다. 30분을 시승하든, 3일을 빌리든, 3년을 타고 팔든, 30년을 타며 빈티지 자동차를 누리든 다 똑같습니다. 원래 내 것은 하나도 없고 모두 하나님의 것입니다. 하나님이 각 사람에게 맡겨 두신 것이므로 무료든 유료든 우리는 빌려 타는 것입니다. 땅도 집도 모두 하나님께 빌리는 것입니다.

하루는 포르쉐(Porsche, 독일 스포츠카)를 시승하기 위해 매장에 가서 직원과 함께 차에 탔습니다. 시내를 천천히 시승하는 내내 그 직원이 내게 큰 호감을 보였습니다. 그분이 말했습니다.

"제가 많은 고객들을 만나 보았지만 선생님은 어떤 일을 하시는지 도무지 감이 안 잡힙니다. 신비한 기운이 감돕니다."

그분은 시내에서 벗어나 고속도로로 달리자고 안내하며 스포츠카 운전하는 방법을 자세히 알려주었습니다. "스포츠카는 알피엠 2000이내만 밟는 것이 아닙니다. 최대한 밟을 때가 있습니다."

나는 한 시간 동안 바앙바앙 하고 고속도로를 신나게 달렸습니다. 정말 멋진 차였고 나는 독특한 경험을 했습니다. 하지만 포르쉐는 좀 불편했고 내가 원하는 예쁜 디자인도 아니었습니다.

어제는 벤츠 스포츠카를 시승했습니다. 그 직원도 내게 이상한 말을 했습니다. "저는 선생님처럼 부요와 행복, 모든 것을 다 가졌다고 말하는 분은 처음 만났습니다. 저에게 차를 구입한 수백 명의 고객이 있지만 대부분 돈이 많은 대신 행복하지 못하다고 말했습니다. 저도 행복하지 못합니다. 자동차 판매 영업을 잘 해서 더 많은 고객이 생길수록 제 인생은 더 바쁘고 힘듭니다. 하루 종일 전화벨 소리가 쉬지 않고 울립니다. 정신이 없습니다."

실제로 시승하는 동안 전화벨이 계속 울렸고 그걸 다 받고 다시 전화를 걸어 문제를 해결해 주겠다고 대답하는 것을 옆에서 보았습니다. 나는 그분에게 일에 대한 지혜를 알려주었습니다.

"저는 일을 최대한 줄였습니다. 일을 더 많이 해야 더 많은 돈을 벌고 더 행복해지는 것이 아닙니다. 일은 줄일수록 수입이 늘어나는 지혜를 발휘해야 합니다. 저는 일주일에 한 시간만 일해도 먹고 사는데 지장이 없습니다. 하지만 돈을 많이 버는 것만이 인생의 전부가 아닙니다. 그보다 더 중대한 것이 많습니다. 첫째는 하나님을 경외하는 것이며 둘째는 나 자신의 존재 가치를 아는 것이며 셋째는 가족을 비롯한 이웃을 사랑하는 마음으로 사는 것입니다. 일주일에 하루를 쉬며 하나님께 예배하고 믿음의 말씀을 들으면 가슴에 하나님의 믿음이 가득 차게 됩니다. 그러면 마음이 든든해집니다. 그리고 인생을 풍성히 누려야 합니다. 자신을 제한하지 말고 마음껏 꿈꾸어야 합니다. 인생은 꿈꾸는 대로 다 되기 때문입니다. 저는 꿈꾸는 대로 다 이루어졌습니다. 수많은 책을 썼고 전국과 세계를 다니며 강연하고 60평의 넓은 집과 벤츠를 샀습니다. 아름답고 현숙한 여인과 결혼하여 아들 둘, 딸 둘, 네 명의 자녀를 낳아 키웠습니다. 미련했던 내게서 천재적인 지혜가 나타나므로 내가 원하는 돈을 다 벌고 있습니다. 매일 저녁 가족과 함께 식사하고 아내와 함께 산책하고 아이들과 놉니다. 아이들도 내가 직접 홈 스쿨로 가르쳤습니다. 내가 하고 싶은 것을 다하며 가족과 함께 모든 것을 누리며 사는 인생, 이것이 최고가 아니고 무엇이겠습니까? 노예와 하녀처럼 비참하게 살지 말고 왕과 왕비처럼 영광스럽게 살아야 합니다. 젊어서 고생을 사서 한다고 하는데 그런 말에 속지 말아야 합니다. 젊어서 밑바닥 인생을 경험하면 그것이 원점이 되어 자꾸 거기로 내려갑니다. 젊어서 일류를 경험해야 합니다. 그래야 그것이 원점이 되어 평생 일류 인생을 살게 됩니다. 실패는 성공의 어머니가 아닙니다. 실패는 더 큰 실패의 어머니요 성공이 더 큰 성공의 어머니입니다. 하나님처럼 성공 마인드를 가져야 합니다. 하나님을 믿으세요."

나는 날마다 행복합니다. 천국의 행복을 마음껏 누리며 살고 있습니다. 나는 천국같이 살다가 천국으로 갈 것입니다.
당신도 그리스도 안에서 행복을 누려야 합니다.

예수님을 믿으면 인생이 백배로 풍요해진다

당신도 나처럼 예수님을 구주로 믿으십시오.
예수님을 구주로 믿으면 당신의 인생에 큰 변화가 옵니다.
궁상떠는 것을 졸업하고 부요한 삶을 살게 됩니다.
당신이 예수를 믿기 전에는 죄인이었고 목마른 자였고 병든 자였고 가난한 자였고 어리석은 자였으므로 궁상떠는 것이 당연합니다. 하지만 예수를 구주로 믿고 난 이후에는 성령으로 거듭나 하나님의 자녀가 되고 일곱 가지의 복을 받기 때문에 더 이상 궁상떨지 않고 부요하게 살게 됩니다. 하나님의 부가 나타납니다.
예수님을 믿고 있으면 당신은 새로운 피조물이 되었습니다.
첫째, 당신은 예수 그리스도를 믿음으로 말미암아 죄인에서 의인으로 바뀌었습니다. 하나님은 당신에게 태산 같이 큰 의를 선물로 주셨습니다. 하나님의 의를 받은 의인은 사자같이 담대합니다. "내 안에 하나님의 의가 가득하다"라고 말하십시오.
둘째, 당신은 목마른 자에서 성령 충만한 자로 바뀌었습니다. 성령 충만한 사람은 슬퍼하거나 우울한 모습을 보이지 않습니다.
당신은 항상 기뻐하고 범사에 감사하고 쉬지 않고 기도하는 삶을 살기 때문에 아주 당당하게 사는 인생으로 바뀌었습니다. "내 안에 성령이 한강처럼 넘쳐흐르고 있다"라고 말하십시오.

셋째, 당신이 예수를 믿기 전에는 병든 자였습니다. 예전엔 눈만 뜨면 "아파요. 힘들어요. 몸살이에요. 아파서 죽을 지경이에요"라고 말하며 살았지만 이제 아닙니다. 예수가 당신 대신 채찍에 맞음으로 당신의 모든 병을 짊어졌습니다. 당신이 "나는 나았어. 나는 건강해"라고 말하면 병이 떠나갑니다. 병이 아닌 건강만 믿으십시오. "나는 건강 에너지로 충만하다"라고 말하십시오.

넷째, 예수를 믿기 이전에는 당신은 가난한 사람이었습니다. 거지 의식을 가지고 살고, 거지의 습성과 거지의 삶의 방식을 가지고 살므로 항상 가난했고, 가난한 티를 내며 살았습니다. 그러나 예수를 믿고 난 이후로 당신은 하나님의 자녀가 되었으므로 부요 의식으로 살아가야 합니다. "나는 대부호다"라고 믿고 중얼거리십시오. 그러면 진짜로 대부호의 길을 걷게 될 것입니다.

하나님은 스스로 계신 억만장자이십니다. "산도 내 것이요 들도 내 것이요 천산의 생축이 모두 내 것이다. 금도 내 것이요 은도 내 것이다. 모든 우주 만물이 다 내 것이다"라고 말씀하신 하나님은 당신의 아버지요 우주의 재벌 그룹의 총수이십니다.

당신이 예수를 구주로 영접한 순간 하나님의 자녀의 신분으로 바뀌었고 재벌 가문의 일원으로 입양되어졌으므로 당신은 재벌이 되었습니다. 이제 각설이 같은 삶을 사는 것이 아니라 억만장자의 삶을 살게 되었습니다. 그러므로 당당하게 "나는 부요한 하나님의 자녀야"라고 말하며 부요 믿음으로 살아가야 합니다. "돈이 없다"는 말을 하지 말고 "내게 돈이 넘친다"라고 말하십시오.

인생은 말대로 믿음대로 됩니다. 없다고 믿고 말하면 가진 것도 다 빼앗겨 없어지고 있다고 믿고 말하면 없는 것도 생깁니다.

하나님이 가장 싫어하시는 말이 '없다'입니다. 뭐든지 없다, 없다고 입버릇처럼 말하는 사람이 있습니다. 그 사람은 평생 저주 가운데 살 것입니다. 있다, 있다고 말을 바꿔야 합니다.

예수를 믿기 이전에는 "하나님이 안 계신다"고 했습니다.

어리석은 자는 그 마음에 이르기를 하나님이 없다고 합니다.

그러나 우리가 예수를 구주로 믿고 하나님의 자녀가 된 순간 성령이 우리 속에 들어와 계시고 우리와 함께 계시므로 우리는 어디를 가든지 임마누엘의 삶을 살게 되었습니다. 그러므로 우리는 항상 하나님이 함께 계신 것을 인정하며 그분을 우리 앞에 모시고 살아가야 합니다. 시편 16편 8절에서 다윗은 말하기를 "내가 항상 여호와를 내 앞에 모심이여. 그가 내 우편에 계시므로 내가 요동치 아니하리로다. 주께서 생명의 길로 내게 보이시리니 주의 앞에는 기쁨이 충만하고 주의 우편에는 영원한 즐거움이 있나이다"라고 했습니다. 그는 항상 하나님을 인정했으며 그분과 함께 전쟁터에 나가고 그분과 함께 회의를 열고 그분과 함께 잠자리에 눕고 일어났습니다. 나도 다윗처럼 그렇게 살고 있습니다.

범사에 하나님이 없다고 말하지 말고 하나님이 있다고 말하십시오. 하나님이 자기 안에 가득히 계시고 자신을 덮고 있다고 말하는 사람, 하나님을 자기 삶에 존중히 모신 사람은 부요합니다.

하나님은 부요하신 분입니다. 부요하신 하나님을 존중히 모시면 당신의 삶도 부요해질 것입니다. 나는 그렇게 늘 부요하신 하나님을 인정하고 모시며 살았기 때문에 하나님의 부요를 선물로 받았습니다. 모든 부는 창조주 하나님께로부터 나옵니다.

다섯째, 예수를 구주로 믿고 난 이후에도 수많은 그리스도인이 지혜에 대해 궁상을 떨며 살고 있습니다. 지혜로우신 하나님을 자기 삶에 모신 사람은 더 이상 어리석은 자가 아닙니다.

창조주 하나님을 경외하는 것이 모든 지혜와 지식의 근본입니다. 그러므로 "나는 천재야. 하나님이 끊임없이 내게 지혜를 부어 주고 계셔. 그리스도 안에서 나는 넘치는 지혜와 총명을 받은 사람이야. 나는 바보가 아닌 천재야"라고 말하면서 당당하게 살아가십시오. "내 안에 지혜가 가득하다"라고 말하십시오.

하나님께 예배하러 나와서도 궁상떠는 사람들이 많습니다. "저는 죄인이에요. 저를 불쌍히 여겨 주세요. 저는 때려죽일 놈입니다. 벌레만도 쓰레기만도 못한 인간이에요."

그리스도 안에 있으면서 여전히 이런 고백을 하고 있다면 그것은 겸손한 것이 아니라 하나님 앞에서 거짓 겸손으로 의에 대해 궁상떠는 것에 불과합니다. 하나님께서 당신에게 말씀하십니다. "네가 그리스도 밖에 있을 때는 죄인이었고 벌레만도 못한 인간이었지만 그리스도 안에 들어오고 난 후에는 의로운 자가 되었고 존귀한 자가 되었다. 너의 존재 가치는 100조 원이 넘는다."

"이 천한 몸이"라고 하는 대신 "이 존귀한 몸이"라고 노래를 불러야 합니다. 당신이 그리스도 밖에서 천한 자였으나 그리스도 안에서는 '독생자 예수 그리스도 만큼의 가치를 지닌 아주 존귀한 자'가 된 것입니다. 당신은 존귀한 사람입니다. 내가 쓴 〈존귀하게 사는 비결)이란 책을 구입해서 꼭 읽어보기 바랍니다.

당신은 그리스도 안에서 존귀한 사람이다

당신은 그리스도 안에서 존귀한 자입니다.

예수님이 당신 대신 멸시와 천대와 놀림과 침 뱉음을 당하셨습니다. 그분은 당신 대신 발에 차였고 수염이 뽑혔고 주먹에 터지고 온갖 욕을 얻어먹었습니다. 그렇게 예수님이 멸시와 천대를 받은 것은 예수 믿는 당신을 존귀한 자로 대우하기 위함이었습니다. 하나님께서 그 아들에게 당신 대신 형벌을 받게 하셨습니다.

그리스도 안에 들어온 사람은 하나님의 자녀로서 존귀하고 보배롭고 소중한 사람이 되었다는 사실을 기억해야 합니다. "하나님께는 내가 독생자처럼 존귀해. 나는 그분의 사랑을 듬뿍 받고 있어"라는 믿음으로 살아야 합니다. 당신은 존귀한 아들입니다.

하나님은 지금 당신에게 "나는 너를 사랑한다. 너는 내게 있어 너무 소중한 사람이다. 너는 정말 눈에 넣어도 아프지 않을 정도다. 내가 너를 얼마나 귀하게 여기는지 아느냐?"라고 하십니다.

"내가 너를 보배롭고 존귀하게 여겼은즉……"(사 43:4)이라고 했습니다. 하나님이 당신을 보배롭고 존귀하게 여기시는데, 당신을 진주나 다이아몬드보다 귀하게 생각하시는데 왜 당신은 당신 자신을 쓰레기나 고물, 벌레나 짐승처럼 여깁니까? 왜 당신 자신을 하찮고 보잘 것 없는 비천한 사람으로 여깁니까?

그리스도 안에 있는 당신이 "나는 별 볼일 없어요. 나 같은 것이 무엇을 할 수 있나요? 나는 모든 것이 부족해요"라고 하는 것은 겸손이 아니라 전부 잘못된 거짓 겸손에 불과한 것입니다. 다윗처럼 "내가 부족함이 없다. 내 잔이 넘친다"고 말해야 합니다.

"여호와는 나의 목자시니 내게 부족함이 없으리로다. 주께서 기름을 내 머리에 부으셨으니 내 잔이 넘치나이다."(시 23:1,5)

당신 안에 하나님이 선물로 주신 의가 있다

당신은 의에 있어 궁상떨지 않습니까?

인간의 행위로 말미암은 작은 의는 더러운 걸레 같지만 하나님이 선물로 주신 큰 의는 깨끗한 세마포와 같습니다.

"무릇 우리는 다 부정한 자 같아서 우리의 의는 다 더러운 옷 같으며 우리는 다 잎사귀 같이 시들므로 우리의 죄악이 바람 같이 우리를 몰아가나이다."(사 64:6)

율법의 행위로 하나님 앞에 의롭다 하심을 얻지 못합니다.

"그러므로 율법의 행위로 그의 앞에 의롭다 하심을 얻을 육체가 없나니 율법으로는 죄를 깨달음이니라."(롬 3:20)

오직 예수를 힘입어 믿는 자마다 의롭다 하심을 얻습니다.

"또 모세의 율법으로 너희가 의롭다 하심을 얻지 못하던 모든 일에도 이 사람을 힘입어 믿는 자마다 의롭다 하심을 얻는 이것이라."(행 13:39)

예수를 믿는 사람은 죄에서 벗어나 의롭다 하심을 얻었습니다. "죄에서 벗어나 의롭다 하심을 얻었음이라."(롬 6:7)

그러므로 당신은 그리스도 안에서 의인이 되었습니다.

당신이 그리스도 안에서 의로워졌다면 "나는 의에 부족함이 없어. 하나님이 선물로 주신 넘치는 의가 있어"라고 믿고 당당하게 살아야 합니다. 그리스도 안에 있는 당신은 더 이상 사탄과 죄의 노예가 아닙니다. 하나님의 자녀입니다. 그러므로 항상 의인으로서 당당하게 생활하며 하나님과 친밀하게 사귀어야 합니다.

이제부터 하나님께 나아갈 때 담대함과 당당함으로 "하나님 아빠, 제가 왔어요"라고 힘 있게 말하십시오. 결코 "나는 의롭지 못해. 의에 부족함을 느껴. 내 인생은 죄와 허물만 가득해"라며 의에 대해 궁상떨지 마십시오. "하나님의 의가 내 안에 가득해"라고 당당히 외치며 의인이라는 믿음으로 살아가십시오.

당신 안에 있는 하나님의 의를 인정할 때 죄를 이기고 의인답게 거룩한 삶을 살 수 있는 '성결의 힘'이 흘러나오게 됩니다.

바리새인의 제자들은 금식하고 있었습니다. 그들은 자기 스스로 생각할 때 의롭지 못하다고 여겼기 때문에 행위로 의를 채우려고 했습니다. 그들은 "나는 부족하고 연약해. 나는 보잘 것 없어"라며 기도와 금식으로 하나님께 받아들여지려고 했습니다. 자기 노력으로 하나님께 더 큰 의를 얻으려고 했던 것입니다.

그들은 자신이 금식한 것을 사람들에게 보이려고 극적인 몸짓으로 연기하며 크게 떠들고 다녔습니다.

"봐라, 나는 이레에 두 번씩 금식을 한다."

그들은 얼굴도 씻지 않고 향수도 뿌리지 않고 옷도 초라하게 입고 인상을 쓰며 의도적으로 금식하는 티를 냈습니다. 그들은 궁상을 떨므로 하나님께 불쌍히 여김을 받고 싶어 하고 사람들에게도 동정을 얻고 싶어 했습니다. 예수님은 그들에게 "이미 자기 상을 받았다"고 하셨습니다. 그들은 하나님의 의를 짓밟았습니다.

어떤 사람들이 예수님께 와서 말했습니다.

"요한의 제자들과 바리새인의 제자들은 금식하는데 당신과 당신의 제자들은 왜 금식을 하지 않습니까?"

예수님께서 저들에게 말씀하셨습니다.

"혼인집 손님이 신랑과 함께 있을 동안에 금식할 수 있느냐? 신랑과 함께 있을 동안에는 금식할 수 없다. 그러나 신랑을 빼앗길 날이 오면 그날에는 금식할 것이다. 생베 조각을 낡은 옷에 붙이는 자가 없다. 만일 그렇게 하면 기운 새 것이 낡은 그것을 당기게 되어 해어질 것이다. 새 포도주를 낡은 가죽 부대에 넣는 자도 없다. 만일 그렇게 하면 부대가 터져 포도주와 부대를 모두 버리게 된다. 오직 새 포도주는 새 부대에 넣어야 한다."

헌 부대는 딱딱하게 굳어져 있습니다. 거기에 새 포도주를 넣으면 발효가 되어 양이 엄청나게 많이 부는데 그 순간 헌 부대는 신축성이 없기 때문에 터지게 됩니다. 헌 부대에는 묵은 포도주를 넣어야 하고 새 포도주는 신축성이 있는 새 부대에 넣어야 둘 다 보존됩니다. 마찬가지로 우리는 성령의 새 술을 마신 자가 되었습니다. 우리 안에 성령이 가득히 들어와 계시므로 우리는 율법적인 삶에서 벗어나 그리스도 안에서 자유를 누리는 삶으로 완전히 바뀌었습니다. 헌 부대 같은 옛 습관과 옛 방식을 완전히 내려놓고 새 부대 같은 유연한 사고방식으로 삶과 사역을 새롭게 시작해야 합니다. 바울은 갈라디아 교인들에게 외쳤습니다.

"그리스도께서 우리를 자유롭게 하려고 자유를 주셨으니 그러므로 굳건하게 서서 다시는 종의 멍에를 메지 말라."(갈 5:1)

종이란 노예를 말합니다. 율법의 노예가 되어 고통스럽게 신앙 생활하는 사람들이 많습니다. 노예의 멍에를 벗어야 합니다.

예수님은 "진리를 알지니 진리가 너희를 자유케 하리라"(요 8:32)고 하셨습니다. 주의 영이 계신 곳에는 자유가 있습니다.

그리스도 안에서 우리는 노예의 멍에를 벗고 자유를 얻었으며 왕의 자녀의 새 신분을 얻었습니다. 그럼에도 불구하고 계속 율법주의 신앙에 매여 고행하고 도를 닦고 의무적으로 금식과 철야를 하며 정해 놓은 기도 시간을 채우려는 사람들이 많습니다.

"하나님의 의를 모르고 자기 의를 세우려고 힘써 하나님의 의에 복종하지 아니하였느니라. 그리스도는 모든 믿는 자에게 의를 이루기 위하여 율법의 마침이 되시니라."(롬 10:3~4)

우리가 하는 예배와 기도와 봉사는 의를 쌓기 위한 것이 아닌 구원의 즐거움과 자원하는 심령으로 하는 것이 되어야 합니다.

당신 안에 하나님이 선물로 주신 성령이 있다

당신은 성령 충만을 위해 어떤 노력을 하고 있습니까?

인간의 땀과 피와 눈물을 흘리며 율법의 행위를 더 많이 한다고 성령 충만해지는 것이 결코 아닙니다. 오직 믿음으로입니다.

하나님의 아들이 되는 것도 성령의 기름 부음을 충만히 공급받는 것도 모두 행위가 아닌 오직 믿음으로입니다.

"때가 차매 하나님이 그 아들을 보내사 여자에게서 나게 하시고 율법 아래 나게 하신 것은 율법 아래 있는 자들을 속량하시고 우리로 아들의 명분을 얻게 하려 하심이라."(갈 4:4~5)

예수님은 율법 아래 태어나셨고 우리 대신 율법을 완벽히 다 지키셨고 우리 대신 율법의 모든 저주를 다 짊어지고 십자가에 매달려 죽으셨습니다. 예수를 믿는 순간 우리는 율법의 저주에서 완전한 자유를 얻었습니다. 그리스도 안에서 아브라함의 복이 우리에게 미치게 되었고 믿음으로 말미암아 성령의 약속을 받게 되었습니다. 이제는 믿음으로 날마다 성령을 충만히 공급받게 되었습니다. 그러므로 더 이상 "성령이 없어요" "기름 부음이 없어요"라며 성령님의 임재에 대해 궁상떨지 말아야 합니다.

금식함으로 사람들에게 좀 더 의로운 것처럼, 또는 의로워지기 위해 노력하고 있는 것처럼 보이려는 것은 크게 잘못된 것입니다.

자기 의를 버리고 하나님의 의를 인정해야 합니다.

"예수를 믿기만 하면 돼. 나는 이미 의로워졌어."

"예수를 믿기만 하면 돼. 나는 이미 성령 충만해졌어. 그러므로 더 이상 의로워지기 위해, 성령 충만해지기 위해 금식과 고행을 하지 않아도 돼. 나는 믿음으로 당당하게 살겠어. 그리스도 안에서 의롭고 성령 충만하다고 말하며 행복하게 살겠어."

당신은 의인입니다. 성령 충만합니다. 건강합니다.

그리스도 안에서 완전히 새로운 피조물이 되었습니다.

건강에 대해서도 아프다고 말하며 궁상떨지 말아야 합니다.

"친히 나무에 달려 그 몸으로 우리 죄를 담당하셨으니 이는 우리로 죄에 대하여 죽고 의에 대하여 살게 하려 하심이라. 그가 채찍에 맞음으로 너희는 나음을 얻었나니……."(벧전 2:24)

"나음을 얻을 것이다"가 아닙니다. "나음을 얻었다"입니다.

당신은 시간과 공간을 초월해 이미 나음을 얻었습니다.

당신 안에 하나님이 선물로 주신 건강이 있다

당신은 아픈 티를 내며 건강에 대해 궁상떨지 않습니까?

당신 안에 계신 성령님은 병을 주시는 분이 아닌 병을 치유하시는 분입니다. 성령님은 치유와 건강의 기름 부음으로 당신 안에 가득히 들어와 계십니다. 그러므로 당신은 건강합니다.

한 성도님이 내게 와서 말했습니다.

"김열방 목사님, 제가 많이 아파요."

"어디가 아프신데요?"

그는 소매를 걷어 팔을 보여 주었습니다. 보니 팔에 붉은 점이 몇 개 나 있었습니다. 그는 울상을 지으며 말했습니다.

"보세요. 피부병이 나서 계속 번지고 있어요."

내가 웃으며 그분에게 말했습니다.

"성도님, 점은 두세 개 밖에 안 되고 나머지 부분은 모두 깨끗하네요. 깨끗한 부분은 말하지 않고 아픈 부분만 말하면 그 아픈 부분이 점점 번져 나갑니다. 아픈 데를 인정하면 그것이 더 큰 세력을 얻습니다. 그러나 아픈 데를 무시하고 깨끗한 데를 인정하면 깨끗한 데가 세력을 얻어 아픈 것이 낫게 됩니다. 통증이 있더라도 '나는 나았어, 완벽한 건강을 갖고 있어'라고 말하십시오. 그러면 깨끗해집니다. 현상이 아닌 원하는 것만 말하십시오."

아픈 데를 인정하면 그것이 "좋아, 아프다는 믿음으로 아픈 나를 인정해 주는구먼. 아프다고 확실히 믿고 있어. 그러니 계속 더 많이 아파야지" 하면서 그 아픈 데가 점점 더 번지게 됩니다. 그러나 아픈 데가 있어도 안 아픈 데를 가리키며 "안 아픈 데가 더 많네. 나는 나았어. 건강해"라고 하면 건강한 세포가 아픈 세포를 잡아먹습니다. 질병은 예수 이름으로 꾸짖고 건강만 말하십시오.

당신 안에는 암세포가 하나도 없습니다. 다 사라졌습니다. 건강합니다. 위장병이 없습니다. 간염이 없습니다. 중풍도 우울증도 없습니다. 당신에게는 완벽한 건강이 있고 모든 신체 기능들이 정상적으로 가동되고 있습니다. 이렇게 말하십시오.

"내 몸에는 암 세포가 하나도 없어. 나는 날마다 더 건강해지고 있어. 나는 완벽한 건강을 갖고 있어."

그러면 건강한 세포들이 온몸을 장악하며 아픈 세포들을 몰아냅니다. 그리고 이삼일 지나고 나면 "언제 아팠지? 거짓말 같이 나았네"라고 말하게 됩니다. 그렇습니다. 당신이 어떤 것을 인정하면 그 인정받는 것이 더 큰 세력을 얻게 됩니다.

머리카락이 안 빠진다고 말하라

당신은 빠지는 머리카락 때문에 스트레스 받지 않습니까?

나도 예전에 빠지는 머리카락 때문에 스트레스 받은 적이 있습니다. 하지만 나는 "머리카락이 자꾸 빠진다"고 말하지 않고 "머리카락이 안 빠진다"고 말했습니다. 그러자 열 개가 빠지면 스물 개가 새로 났습니다. 새로 나는 머리카락이 많아지니 머리숱이 무성해졌습니다. 그리고 식물성 샴푸로 바꾸고 샤워기도 중간 세기로 틀어 머리를 감았습니다. 또한 성경에서 말하는 깨끗한 음식을 골라 먹으니 머리털과 두피까지 모두 건강해졌습니다.

만약 당신의 머리카락이 하나 빠졌다고 해서 "어, 머리카락이 빠졌네" 하며 그 빠진 것을 자꾸 세고 있으면 더 많이 빠집니다. 머리카락이 빠질 때마다 "오늘은 열 개 빠졌네. 오늘은 스무 개 빠졌네" 하면서 그 빠진 것을 세고 있으면 그 빠진 머리카락들이 모두 손짓하며 이렇게 말할 것입니다.

"안 빠진 머리카락들아, 빨리 이리와. 너희는 인정받지 못하고 있지? 나는 빠지고 나니 인정받았어."

빠진 것을 인정하며 그것들에게 힘을 불어넣어 주면 안 빠진 머리카락도 인정받고 싶어 함께 다 빠집니다. 반대로 하십시오. 안 빠진 머리카락을 보며 인정하고 칭찬해 주십시오.

"안 빠진 머리카락들아, 잘하고 있다. 내가 너희들을 얼마나 좋아한다고, 영원히 굳게 뿌리박고 나와 함께 있어 줘."

믿음으로 당신이 원하는 것만 말해야 합니다.

"요즘 내 머리카락이 하나도 안 빠져. 계속 더 많이 나고 있어"라고 말하면 진짜로 머리카락이 안 빠집니다. 그리고 계속 그렇게 믿으십시오. 그러면 믿음대로 머리숱이 무성해집니다.

사람은 칭찬하는 곳으로 달려갑니다. 고래도 칭찬을 하면 춤을 춘다고 합니다. 하나님도 칭찬하면 춤을 추십니다. 이처럼 당신의 몸에 있는 세포들도 칭찬하면 모두 힘을 얻게 되는데, 아픈 것을 칭찬할 것인가 건강한 것을 칭찬할 것인가 하는 것은 당신이 선택해야 합니다. 당신이 원하는 것을 인정하고 칭찬하십시오.

당신은 무엇을 선택하고 인정과 칭찬과 격려를 해줍니까?

병이 아닌 건강을 인정하도록 하십시오. 그러면 인정받지 못하는 병과 연약함은 자리를 잡지 못하고 떨어져 나갑니다.

혹시 이 책을 읽는 독자 중에 피부병에 걸린 분이 있습니까?

그 피부병이 지금 즉시 나았습니다. 아토피성 피부병이든 다른 무엇이든 상관없이 모든 피부병이 떠나갔다고 믿으십시오.

이렇게 소리 내어 중얼거리십시오.

"다 나았음. 예수님께서 채찍에 맞음으로 나는 나음을 입었다. 내 온몸의 세포 하나하나가 완벽한 건강을 갖고 있다."

치유와 건강을 인정하므로 그것이 세력을 잡게 하십시오. 성령의 기름 부음을 인정하므로 그 힘이 세력을 잡게 하십시오.

당신에게 부활의 권능이 흘러넘치고 있습니다.

아프다고 사람의 동정을 구하지 마라

당신은 아픈 걸로 사람의 동정을 구하지 않습니까?

나는 사람들에게 아프다는 말을 절대로 하지 않습니다.

내가 아프다고 인상 쓰면서 "아파요"라고 말하면 누군가 동정해 주고 불쌍히 여겨 주고 밥이라도 한 그릇 사주고 물이라도 떠다 받칠 것 같지만 나중에는 오히려 부담스러워 싫어하게 됩니다.

나는 그런 '사람의 동정'이 필요 없습니다. 내가 진정으로 원하는 것은 사람들의 동정이 아니라 하나님 앞에서 치료받아 건강한 몸을 갖고 기뻐 뛰며 행복하게 생활하는 것입니다. "오랜 병에 효자 없다"는 말이 있습니다. 질병으로 계속 고통을 호소하면 자녀들에게 기쁨을 줄 수 없습니다. 조금 아파도 "나는 나았어"라고 말하면 치유와 건강을 얻게 되고 주위 사람들도 다 좋아합니다.

그리고 주님께서 그 믿음을 보시고 치료하는 광선을 발하여 신속히 고쳐 주십니다. 인상 쓰며 궁상떨고 구석에 쓸쓸한 모습으로 쪼그리고 앉아 "나 좀 봐 주세요" 하면 좋아할 사람이 없습니다. 한두 번은 위로의 말을 하며 불쌍하게 여길지 모릅니다.

"어휴, 많이 힘드신가 봐요. 많이 아프신가 봐요. 얼마나 괴로우세요. 갈수록 안색이 더 안 좋아지시네요."

하지만 계속 그렇게 아프다고 말하면 다들 싫어합니다.

성경은 가난한 자에게 친구가 없다고 했습니다. 마찬가지로 아픈 자에게도 사람들이 떠나갑니다. 궁상떨지 말고 당신이 갖고 있는 믿음을 꺼내 그것을 하나님과 사람들에게 보이도록 하십시오. 그러면 상을 얻습니다. 주님께서 당신에게 말씀하십니다.

"네 믿음대로 되라."(마 9:29)

당신 안에 살아 계신 예수님은 대단한 분이다

당신 안에 계신 예수님이 얼마나 대단한 분인지 아십니까?

사람들이 그분의 옷자락에만 손을 대도 불치의 병이 다 나았습니다. "다만 예수의 옷자락에라도 손을 대게 하시기를 간구하니 손을 대는 자는 다 나음을 얻으니라."(마 14:36)

그런 분이 지금 당신 안에 실제로 살아 계십니다. 그렇다면 당신의 몸에서 모든 병이 떠나가고 건강하게 살아야 합니다.

열두 해 동안 혈루증 곧 '출혈성 자궁내막염'으로 고통을 겪는 한 여인이 있었습니다. 그녀는 많은 의사에게 많은 괴로움을 받았고 가진 것도 다 허비하였지만 아무 효험이 없었고 도리어 더 중하여졌습니다. 혼자 외롭게 구석진 방에 누워 끙끙거리며 신음 소리를 냈습니다. 모두에게 버림받은 것 같았습니다.

"저주받은 내 인생, 끝났어. 더 이상 희망이 없어."

그런 가운데 예수님에 대한 소문을 듣게 되었습니다.

그녀는 다시 꿈과 믿음을 갖게 되었고 벌떡 일어나서 "이제는 더 이상 아프다며 궁상떨지 않을 거야. 예수의 옷자락에만 손을 대어도 내 병이 낫게 될 거야. 나는 이미 나았어"라고 믿고 그 자리를 박차고 일어났습니다. 문을 열자 갑자기 뜨거운 햇볕이 그녀의 얼굴에 강렬하게 내리쬐었습니다. 순간 머리가 핑 돌며 어지러웠고 하늘이 노래지면서 그 자리에 주저앉아 버렸습니다.

그러나 그는 "나는 더 이상 이렇게 아픈 몸으로 살지 않을 거야. 남의 위로를 받으며 동정 받는 삶이 싫어"라며 엉금엉금 기어나갔습니다. 쓰러지고 또 쓰러졌습니다. 하지만 다시 일어나 계속 걸어갔습니다. 수차례 돌부리에 걸려 넘어져 무릎에 피멍이 들었지만 그래도 포기하지 않고 엉금엉금 기어갔습니다.

"나는 이제 더 이상 아프다며 궁상떨지 않을 거야. 예수님을 만나 완전히 고침 받고 건강한 삶을 살 거야. 열두 해 동안 아프다고 궁상떨었지만 얻은 것은 아무것도 없어. 많은 의원에게 많은 괴로움을 당했고 있던 것도 다 허비했어. 완전히 밑바닥인 내 인생, 더 이상 잃을 것이 없어. 얻을 것 밖에 없어. 이제 나는 예수님을 만나 의와 치료를 얻어 완전히 새로운 인생을 살 거야."

예수님 주변에 나아가자 수많은 종교 지도자들과 이웃들이 거기에 다 모여 있었습니다. 그들은 말했습니다.

"어휴, 저 혈루증 걸린 여인이 어떻게 여기까지 왔지?"

"당신은 피를 쏟는 부정한 여인이니 예수님께 갈 수 없어요."

"당신은 남편도 자식도 모두 당신 곁을 떠나갔고 친구들로부터도 버림을 받은 사람이잖아요. 또 버림받으려고 해요?"

"의학적으로도 당신은 불가능하다고 판정이 났는데 뭐하려고 여기까지 고생하며 기어왔어요? 참 한심하군요."

어떤 이는 칭찬하고 어떤 이는 위로했을 것입니다. 그동안 어떻게 지냈냐고 안부를 묻는 사람도 있었을 것입니다. 하지만 그 여인은 "그런 건 다 필요 없어. 나는 위로와 동정이 아닌 새로운 삶을 원해. 잠깐 후면 어제의 내가 아니야"라며 모두를 제치고 예수님의 옷자락에 손을 내밀어 댔습니다.

그 순간 '믿음'이란 전기선을 타고 갑자기 그 여인의 몸에 전류 같은 치료의 능력이 홍수같이 밀려들어가기 시작했습니다. 순식간에 혈루증 근원이 말라 버렸습니다. 그 여인은 즉시로 깨끗하게 치료되었습니다. 그녀가 원했던 완벽한 건강, 그것을 얻게 된 것입니다. 예수님께서 주위를 돌아보며 말씀하셨습니다.

"누가 내 몸에 손을 대었다."

제자들이 말했습니다.

"사람들이 서로 밀고 당기는 것을 놓고 그렇게 말씀하십니까?"

"아니야. 누군가 내게 믿음으로 손을 대었어. 내게서 티끌같이 작은 능력이 흘러 나갔지만 나는 그것을 알고 있어. 아픈 게 좋다며 궁상떠는 사람들이 손댄 것은 아무 능력이 나가지 않는데 궁상떨지 않겠다고 결심하고 믿음으로 손을 댄 사람이 있다."

그 말을 들은 여인은 부들부들 떨었습니다. 그 상태에서 그 여인은 예전처럼 궁상을 떨 것인가 아니면 믿음으로 만졌다고 당당하게 말할 것인가 선택해야 했습니다. 그는 "주여, 제가 만졌습니다"라고 당당히 나서서 말했습니다. 이에 예수님께서는 그 여인을 꾸짖지 않으시고 오히려 칭찬하셨습니다.

"네 믿음이 너를 구원하였으니 평안히 가라."

평안 곧 평강은 '화목한 상태'를 말합니다. 그녀는 이제 하나님과 화목, 자신과 화목, 가족과 이웃과 화목한 가운데 행복한 삶을 살게 되었습니다. 당신도 모든 사람과 화목하고 살기 바랍니다.

등진 세포들이 많으면 몸에 병이 생깁니다. 화목한 세포들이 많으면 몸에 병이 낫습니다. 치유와 건강은 화목의 결과입니다.

예수님은 화목케 하기 위해 오신 하나님의 어린 양입니다.

"또 십자가로 이 둘을 한 몸으로 하나님과 화목하게 하려 하심이라. 원수 된 것을 십자가로 소멸하시고……."(엡 2:16)

다 나았다고 믿고 정상적으로 생활하라

당신은 지금 온몸이 욱신거리지 않습니까?
"끙끙, 온몸이 아파 죽겠어. 너무 힘들어. 어떻게 하지?"
그렇게 아프다며 궁상떨지 마십시오. 약을 먹더라도 몰래 드십시오. 병원도 조용히 다녀오십시오. 병원에 간다고 주위 사람에게 떠벌리며 위로받으려고 하지 마십시오. 아파서 누워 있습니까? 드러나게 끙끙거리지 말고 혼자서 문을 닫고 하나님 앞에서 조용히 누워 있으십시오. 그리고 "아들아, 그만 누워 있고 지금 당장 일어나라"는 주님의 음성을 듣고 그 자리에서 벌떡 일어나 걸어 다니기 시작하십시오. 그러면 병이 떠나갈 것입니다.

나도 예전에 몸살로 심하게 아파서 누워 있은 적이 있습니다.
몸이 아프고 쑤시니까 내가 누리는 넓은 아파트, 예쁜 벤츠, 멋진 구두도 다 필요 없었습니다. 오직 한 가지 "건강이 전부다. 어떻게든 나아야겠다"는 열망밖에 없었습니다.

그때 나는 문득 이런 생각을 했습니다.
'예수님께서 내 대신 채찍에 맞음으로 내 병을 다 가져갔어. 나는 이미 나음을 입었어. 다 나았어. 그러니 지금 움직일 거야.'

그리고 믿음으로 움직였습니다. 그러자 아픈 것이 떠나갔고 금방 괜찮아졌습니다. 당신도 믿음으로 지금 당장 움직이십시오.

나는 아픈 것이 정말 싫습니다. 몸이 좀 아프고 힘들면 "그냥 지쳤을 뿐이야. 쉬어 주면 괜찮아. 다 나았어"라고 말합니다.

그리고 며칠 푹 자고 쉬면서 잘 먹으면 깨끗이 낫습니다.

한 번은 어깨가 몹시 아파 몸을 뒤틀며 침대에 누워 있었습니다. 하지만 곧 나는 "예수님께서 채찍에 맞음으로 내가 나음을 입었지. 맞아, 나은 사람은 이렇게 누워 있지 않는 법이야" 하며 일어났습니다. 내가 누워 있으면 아내가 애처로운 말로 위로해 주고 아이들도 문을 열고 "아빠, 어디 아파? 어쩌면 좋아" 하고 안타까운 듯 말할 것입니다. 그러나 내게는 그런 동정의 말이 필요 없습니다. 내가 원하는 것은 동정이 아닌 건강이기 때문입니다.

나는 "예수 이름으로 명하노니 어깨 아픈 것은 떠나가라"고 명령하고 "다 나았음, 감사합니다"라고 말했습니다. 그리고 며칠 지나자 깨끗이 나았습니다. 지금은 어깨가 전혀 안 아픕니다.

나를 위로하는 것은 주위 사람들이 알아서 할 일입니다. 그러나 내가 해야 할 일은 위로받고 누워 있는 것이 아니라 병을 떨치고 일어나 기뻐하고 노래하고 춤추며 행복하게 사는 것입니다.

사람의 말에 휘둘리지 말고 성령님께 물어라

당신은 사람들의 말에 휘둘리지 않습니까?

사람들의 칭찬과 책망, 위로와 격려의 말은 신경 쓰지 말고 떨쳐 내야 합니다. 오직 성령님의 음성에만 귀를 기울여야 합니다.

사람들의 말에 민감한 사람은 사람의 종이 됩니다.

성령님의 음성에 민감한 사람은 성령님의 종이 됩니다.

당신의 누구의 종으로 살기 원합니까? 왜 사람들의 말 한마디에 그렇게 쉽게 들뜨거나 침체됩니까? 다 지나가는 사람들입니다. 그 사람도 지나가고 그들이 한 말도 지나갑니다. 어떤 일이 있을 때마다 성령님께 묻고 그분의 음성을 가슴에 새기십시오.

"성령님, 이 문제에 대해 어떻게 할까요?"

"아들아, 그 문제는 이렇게 처리하면 된다."

"네, 알겠습니다. 끝."

이렇게 살아야 사람에게 매이지 않고 자유롭습니다.

나는 문제가 생기면 성령님께 묻고 그분의 음성을 듣습니다. 그것을 메모지에 적고 그대로 실천합니다. 그래서 행복합니다.

나는 나약한 마음으로 사람들의 위로를 바라지 않습니다.

나는 사람들의 위로보다는 하나님의 음성 듣기를 사모합니다.

부정적인 말과 사람과 사건은 다 지나간다

당신은 어떤 사람과 말, 사건에 매여 있습니까?

믿음의 사람과 말, 사건은 영원히 남지만 부정적인 사람과 말, 사건은 다 지나갑니다. "이 또한 지나가리라"고 말하십시오.

모든 육체와 그 영광은 다 지나갑니다. 대통령이나 국회의원도, 대기업 회장이나 대학교수도 다 지나갑니다. 모든 사건도 지나갑니다. 시간이 지나면 다 사라지고 잊힙니다. 하나님의 음성만 영원히 남습니다. 그래서 나는 그분의 음성을 따라 삽니다.

사람들에게 인정받으려고 목매지 마십시오. 하나님이 당신을 한없이 사랑하십니다. 하나님의 사랑이 당신에게 부어졌습니다.

"나는 하나님의 사랑을 듬뿍 받고 있다"고 믿으십시오.

나는 하나님께로부터 충분한 사랑을 받고 있기 때문에 주위 사람들의 위로와 동정을 구하지 않습니다. 다른 사람이 나를 사랑하는 것은 그 사람이 알아서 하도록 맡기면 됩니다. 나는 이미 하나님의 사랑을 강물처럼 넘치게 받고 있으므로 다른 사람을 사랑하고 이해하고 용서하고 도와주며 살아갑니다. 그래서 항상 행복합니다. 사람에게 마음을 두지 말고 하나님께 소망을 두십시오.

"남편이 나를 사랑하지 않아요. 친구가 나를 돕지 않아요."

그러든지 말든지 당신은 여전히 그들을 사랑하십시오. 나는 누군가로부터 사랑받기를 기대하지 않습니다. 하나님의 사랑이 내게 넘치고 있고 그 넘치는 사랑으로 다른 사람들을 사랑하며 살뿐입니다. 누군가가 나를 사랑해 주지 않아도 낙심하지 않습니다. 그래도 나는 여전히 그들을 사랑합니다. 내 안에서 하나님의 사랑이 한강처럼 흘러넘치고 있으므로 나는 항상 행복합니다.

주위 사람에게 사랑받는다고 행복해지는 것이 아닙니다.

하나님의 사랑이 내 안에서 파도처럼 흘러넘치기 때문에 사랑하는 것이 더 쉽고 즐겁습니다. 주위 사람들로부터 사랑을 받는 것은 덤으로 누리는 것이며 그리 중요하지 않습니다.

주위 사람들이 뭐라 하던 신경 쓰지 마십시오. 그들은 자기들의 기준으로 당신을 칭찬하고 책망하고 판단할 뿐입니다. 하나님만 바라보고 그분의 음성에만 귀를 기울이십시오. 예수님이 그랬습니다. 그분은 하나님의 음성으로 만족했습니다.

"너는 내 사랑하는 아들이요 내가 너를 좋아한다."

하나님이 그렇게 말씀하시면 끝입니다. 더 이상 토를 달 필요가 없습니다. 다른 사람들의 인정을 목말라 할 필요도 없습니다.

나는 나를 비난하는 사람도 여전히 사랑합니다.

욕하는 사람도 여전히 사랑합니다. 반대되는 의견을 제시하는 사람도 "그 정도는 괜찮아" 하면서 그 반대 의견을 티끌처럼 작게 여기고 여전히 그를 사랑합니다. 이제는 웬만한 비난은 웃어넘길 정도의 여유가 생겼습니다. 비난하는 말은 듣고 잊어버립니다. 비난하는 문자도 받고 지워 버립니다. 다 지나가는 것들입니다.

영원히 남는 것은 오직 하나님의 음성입니다.

"모든 육체는 풀과 같고 그 모든 영광은 풀의 꽃과 같으니 풀은 마르고 꽃은 떨어지되 오직 주의 말씀은 세세토록 있도다 하였으니 너희에게 전한 복음이 곧 이 말씀이니라."(벧전 1:24~25)

당신은 100조 원 이상의 존재 가치가 있다

당신은 자신이 얼마나 귀한 존재인지 아십니까?

나는 아무 일을 하지 않아도 나의 존재 가치가 100조 원이 넘는다고 믿습니다. 내 안에 그리스도의 사랑이 넘치고 있고 내 마음에 하나님의 사랑이 성령으로 말미암아 부은바 되었기 때문입니다. 나는 넘치는 하나님의 사랑을 만끽하고 있습니다.

100억짜리 다이아몬드를 가졌다면 3천 원짜리 장난감 보석을 잃었다고 마음에 상처받을 일이 없습니다. 당신이 하나님께 받은 사랑과 은혜와 부요함을 망각하기 때문에 사람들의 말에 휘둘리는 것입니다. "저 사람이 나를 사랑해 주나, 안 해 주나" 하며 그것에 민감하게 반응하면 그 사람에게 쩔쩔 매게 되고 비참해집니다. 부모나 자녀, 친척이나 친구 등 주위 사람에게 사랑을 받으려고 하지 말고 오히려 하나님의 사랑으로 그들을 사랑하십시오.

남편 흉보지 말고 좋은 점만 이야기하라

당신은 남편 흉본다고 입이 열려 있지 않습니까?
"우리 남편 때문에 내 인생이 꼬였어. 살기 힘들어."
"남편이 내게 생활비를 안 줘. 이혼하고 싶어."
"아내가 나를 존중하지 않아. 별거 아닌 것도 모두 엄마한테 일러바쳐. 내 아내는 징징거리는 아이 같아. 마마 걸이야."
이런 부부는 갈수록 더 깊은 골이 생깁니다.
결국 자기 얼굴에 침 뱉기입니다. 처음에 결혼할 때는 아무것도 없어도 순수하게 서로를 사랑했을 것입니다. 사랑하는 마음이 없이 결혼하지는 않았을 테니까요. 그런데 부모가 결혼 생활에

끼어들고 친구들끼리 서로 비교하고 경쟁하면서 부부 관계에 금이 가기 시작하는 것입니다. 거기서 떨어져 나와야 합니다.

처음에 부부가 서로 사랑했던 마음을 회복해야 합니다.

당신은 남편을 좋아해서 결혼했을 것이고 남편도 당신이 좋아서 결혼했을 것입니다. 그 좋아하던 마음이 어디 갔습니까? 부모님 때문에, 자녀 때문에, 재산 때문에, 직장 때문에 힘들어졌다고요? 다 핑계입니다. 다시 서로의 존재 가치를 확인해야 합니다.

"난 아무것도 없어도 돼. 당신만 있으면 돼. 촛불 하나 켜 놓고라도 당신과 예식을 치르고 함께 한 집에서 살고 싶어."

이런 마음만 있다면 결혼 생활은 평생 문제될 것이 없습니다.

그런데 존재 가치가 아닌 노동 가치로 서로에게 요구하는 것이 많아지면 문제가 생깁니다. 노동 가치는 있어도 그만, 없어도 그만, 덤으로 주어지는 거라고 생각해야 합니다.

"그러면 어떻게 먹고 살라고요?"

하나님이 모든 것을 채우신다는 믿음으로 살면 됩니다.

나는 지금까지 그렇게 살아왔고 지금도 그렇게 살고 있습니다.

그러면 가난해질 것 같지만 오히려 부요해집니다.

"나의 하나님이 그리스도 예수 안에서 영광 가운데 그 풍성한 대로 너희 모든 쓸 것을 채우시리라."(빌 4:19)

부부가 서로의 얼굴만 바라보면 불행해집니다.

부부는 두 손을 잡고 하나님을 바라보는 존재입니다.

그렇게 하나님만 바라보면 결혼 생활이 행복해집니다.

인생의 목마름을 해갈하는 것은 하나님이지 남편이 아닙니다.

인생의 굶주림을 해소하는 것도 하나님이지 아내가 아닙니다.

남편이 당신을 사랑하지 않아도 그냥 남편을 사랑하십시오.

남편의 노동이 아닌 존재만으로도 억만 번이나 감사하십시오.

남편과 당신은 원래 한 영, 한 몸, 한 소유, 한 마음입니다. 부정적인 생각을 받아들이지 말고 긍정적인 마음을 가지십시오.

'남편이 나를 사랑해 주지 않아.'

'아내는 나를 존경해 주지 않아.'

그런 생각을 하지 말아야 합니다. 하나님의 사랑을 듬뿍 받는 사람은 그런 것에 매이지 않습니다. 그런 부정적인 생각은 다 쓰레기통에 버리십시오. 아내와 남편은 한 몸인데 마귀가 하나님이 짝지어 주신 것을 나누도록 자꾸 속이는 것입니다.

어떤 여인은 두세 명 친구들끼리 모이면 자기 남편 흉본다고 정신없이 떠드는데 참으로 불쌍하고 안타까운 일입니다.

남편들은 회사에서 일하다 보면 뒤통수가 근질근질합니다. 아내가 남편을 그렇게 욕하는 것은 사실 자기를 욕하는 것과 같습니다. 또한 남편이 아내를 비난하는 것은 자신을 비난하는 것과 같습니다. 아내와 남편은 한 몸인데 그것을 나누어 놓고 서로를 비방하는 것은 전부 자기 자신을 욕하는 것입니다. 하나님이 짝지어 놓으신 것을 사람이 나누어 놓고 이야기 하지 말아야 합니다.

부부는 하나이기 때문입니다.

"우리 남편은 나와 생각이 달라요"라고 하는데 사실은 남편의 그 다른 생각이 바로 자기 생각의 일부라는 것을 알아야 합니다. "아내는 내 마음을 이해하지 못해요"라고 하는데 그 마음이 곧 자기의 마음입니다. 마음도 아내와 남편을 나누어 놓고 말할 수 없습니다. 아내와 남편의 그 두 마음은 사실상 하나입니다.

성격도 그렇습니다. 어떤 이는 성격이 맞지 않는다고 이혼하겠다고 하는데 그것은 옳지 못합니다. "나는 외향적인 성격이고 아내는 내성적인 성격이에요"라고 하는데 그 둘이 합쳐서 부부는 하나인 것입니다. 한 사람은 천을 당하고 두 사람은 만을 당합니다.

기질도 그렇습니다. "아내는 아주 힘 있게 박차고 나가는 기질인데 나는 내면적으로 깊이 묵상하는 기질이에요." 그 두 가지가 합쳐서 하나입니다. 그러므로 남편과 나는 다르다고 생각할 것이 아니라 하나님이 내 짝을 만나게 하시므로 하나가 되어 갑절의 역량을 발휘하게 하셨다는 것을 알고 억만 번이나 감사하십시오.

손을 펴서 한번 보십시오. 손바닥은 잡는 일을 합니다. 손등은 아무것도 하는 일이 없어 보입니다. 그렇지만 손바닥과 손등을 두개로 나누어 서로 싸우게 할 수 없습니다. 손바닥이 손등을 보고 "나는 물건을 잡는데 너는 왜 놀고만 있느냐?"고 질책할 수 없습니다. 동전이 앞에 그림이 있고 뒤에는 글자가 있습니다. "나는 그림인데 너는 왜 글자냐?"라고 할 수 없습니다. 그 둘이 합하여 하나이기 때문입니다. 서로가 다르다는 것을 인정해야 합니다.

사람에게 얼굴이 있고 뒤통수가 있습니다. 얼굴이 뒤통수를 보며 "너는 왜 보지 못하고 말하지 못하고 듣지 못하느냐?"라고 말할 수 없습니다. 사람들이 때릴 때 뒤통수를 때리니 그 뒤통수가 참아 냅니다. 앞을 때리면 눈이 멍들고 코피가 터지며 그 타격이 아주 큽니다. 하나님이 넘어져도 뒤로 넘어지게 하시며 또 앞으로 넘어지더라도 손이 받치게 한 이유가 다 있습니다.

그러므로 발도 중요하고 손도 중요하고 얼굴도 중요하고 뒤통수도 중요하고 심장도 엉덩이도 모두 중요합니다.

엉덩이가 앉아 있어야 온몸이 편히 쉴 수 있습니다. 엉덩이가 "나는 앉기 싫어" 하면 머리도 못 쉬고 위장도 못 쉬고 다리도 못 쉽니다. 엉덩이가 앉아야 다른 지체들도 쉴 수 있습니다. 엉덩이가 자리에 앉으면 그 엉덩이는 땀도 나고 숨구멍도 막힙니다.

그러나 그로 인해 다른 지체가 쉬고 새 힘을 얻게 됩니다.

모든 지체가 하나로 연결되어 있기 때문입니다. 이처럼 아내와 남편이 달라 보여도 그 모든 것이 조화를 이루어 한 몸이요 한 영이요 한 마음이요 한 인격이요 한 위치요 한 소유인 것입니다.

그러므로 서로 아끼고 소중히 여겨야 합니다.

보상 심리를 버리고 지금 부요를 누려라

아내는 내게 밝게 웃으면서 필요한 것을 부탁합니다.
"나 옷이 필요한데 당신이 좀 사줄 수 있어?"
"나 신발이 필요한데 당신이 좀 사줄 수 있어?"
"나 먹고 싶은 거 있는데 당신이 좀 사줄 수 있어?"

그리고 끝에 "부탁합니다"라고 덧붙입니다. 그래서 내 주머니에 있는 용돈이 아내에게 많이 빠져나갔습니다. 내 지갑이 잠시 얇아지니 괜히 기분이 안 좋아졌습니다. 내가 힘들어하고 있을 때 주님께서 생각을 바꾸라고 말씀하셨습니다.

"너는 왜 네 아내와 너를 떼어놓고 생각하느냐?"

"저는 그런 적이 없습니다. 저는 항상 저와 아내를 한 영, 한 몸, 하나로 여기며 살고 있습니다. 저는 '하나님이 짝지어 주신 것을 사람이 나누지 못한다'는 성경 말씀을 잘 알고 있습니다. 결코 아내와 저를 나누어 놓고 생각하지 않았습니다."

"아니야, 너는 소유물을 나누어 놓고 생각하고 있어. 너의 소유가 따로 있고 아내의 소유가 따로 있다고 생각하고 있어. 그게 아니야. 너의 소유가 곧 아내의 소유이며 아내의 소유가 곧 너의 소유다. 그러니 네가 새 옷을 사 입은 것은 곧 아내가 사 입은 것과 같고 아내가 새 옷을 사 입은 것은 곧 네가 사 입은 것과 같다. 네가 좋은 음식을 사 먹은 것은 곧 아내가 사 먹은 것이며 네가 좋은 차를 사 마신 것은 곧 아내가 사 마신 것이다."

하나님은 부부가 하나라고 말씀하셨습니다. 혹시 부부가 따로 주머니를 차고 있을지라도 남편의 소유물이 곧 아내의 소유물이며 아내의 소유물이 곧 남편의 소유물인 것을 기억하십시오.

아내들이여, 남편에게 용돈을 두둑이 주십시오.

남편들이여, 아내에게 좋은 옷과 예쁜 신발을 종종 사주십시오. 그 모든 것이 남에게 한 것이 아니라 자신에게 한 것임을 잊지 마십시오. 그리스도 안에서 부부는 하나이므로 아내를 존중하는 것은 곧 나를 존중하는 것이며, 나를 존중하는 것은 곧 아내를 존중하는 것입니다. 부부끼리 돈이 없다며 궁상떨지 마십시오.

"없다. 없다. 없다. 돈이 없어."

그러면 그 말대로 돈이 다 사라지고 하나도 없게 됩니다.

그러지 말고 "있다"고 말하며 부부가 함께 부를 누리십시오.

어떤 여자는 문제가 심각합니다. 자기는 옷을 안 사 입으면서 남편에게만 옷을 사주고, 자기는 액세서리 하나 사지 않으면서 남편의 넥타이만 멋있는 것으로 사주고, 자기는 밥을 물에 말아 후루룩 넘기면서 남편에게는 고기를 구워 주는 것은 지혜롭지 못한 행동입니다. 자기 몸은 천하게 대하면서 남편을 큰 인물로 키우겠다고 그를 위해 뼈 빠지게 일하는 것은 미련한 짓입니다.

나는 한 여인이 이렇게 말하는 것을 들은 적이 있습니다.

"남편이 목회하고 나는 애들 키우느라 정신없이 바빠서 내가 누려야 할 혜택을 하나도 못 누렸어요. 지금 생각하니 허탈해요."

그런 말 하지 말고 영적인 것과 정신적인 것, 물질적인 것을 모두 남편과 공유해야 합니다. 목회보다 더 중요한 것은 부부의 사랑입니다. 자녀보다 더 중요한 것도 부부의 사랑입니다. 목회도 70세가 되면 은퇴해야 하고 자녀도 결혼하면 떠나지만 남편은 그 이후로도 30년, 50년을 계속 함께 살아야 하기 때문입니다.

한 여인은 자기가 젊었을 때 남편을 위해 고생한 것을 의로 드러내며 보상을 기대했지만 낭패를 겪었다고 했습니다. "남편이 사업하니까 나는 그 남편을 세우고 돕기 위해 못 먹고 못 입고 못 쓰고 참아야 했어요. 매사에 절약하고 10원짜리 하나 제대로 쓰지 않고 아껴 가면서 남편을 위해 30년 동안 있는 것 없는 것 다 투자했어요. 그런데 지금은 하나도 보상받지 못하고 있어요."

이런 여인이 마지막에 가서 남편에게 버림받거나 천박하게 따

돌림 받는 경우가 많습니다. 그런 희생보다 더 중요한 것은 서로 간의 사랑하는 마음입니다. 일에 빠져 사랑을 잃지 마십시오. "잘되면 남편이 나를 존중해 주겠지"라고 착각하지 말고 지금부터 모든 일에 남편과 함께 공유해야 합니다. 그리고 자신을 잘 챙기며 고귀한 왕비처럼 살아야 합니다. 그래야 남편도 그를 존중합니다.

나는 한쪽을 위해 희생하며 고생하는 당신에게 말합니다.

"보상 심리를 버리고 지금 행복과 부를 누려라."

하나님이 짝 지어 주신 것을 나누어 생각하지 마십시오.

고생도 혼자 하지 말고 같이 하고 행복과 부를 누리는 것도 혼자 하지 말고 같이 하십시오. 그것이 부부입니다. 남편이 당신을 챙겨 주기만 기다리지 말고 당신 스스로 자신을 챙기십시오. 당신이 당신 자신을 존중하지 않는데 과연 남편이 존중할까요?

'자존감' 곧 '자기를 존중히 여기는 것'은 당신이 해야 합니다.

당신 자신을 존중히 여기는 것은 곧 남편을 존중히 여기는 것과 같습니다. 나를 따라 이렇게 말해 보십시오.

"나를 챙기는 것은 곧 남편을 챙기는 것이다."

남편들이여, 나를 따라 말해 보십시오.

"나를 챙기는 것은 곧 아내를 챙기는 것이다."

부부간에 어떠한 경우에도 서로 궁상떨지 말아야 합니다.

"나는 그리스도 안에서 억만장자야. 재벌이야. 모든 것에 모든 것이 넉넉하여 모든 착한 일을 넘치게 할 수 있는 넘치는 부가 내게 있어. 하나님은 모든 것이 넘치도록 나의 쓸 것을 풍성히 공급하시는 좋은 분이야. 그분이 내 아버지야. 나는 아주 부요해."

부요 의식으로 서로에게 베풀어야 합니다. "주라. 그리하면 너희에게 줄 것이니 곧 후히 되어 누르고 흔들어 넘치도록 하여 너희에게 안겨 주리라"고 했습니다. 이것은 무엇을 의미합니까? "너희가 부요 의식으로 사람들에게 베풀면 곧 채워 주겠다"는 말입니다. 여기서 "곧 주겠다"는 말은 '즉시 주겠다'는 의미입니다.

당신도 궁상떨지 말고 가족에게 풍성히 베푸십시오.

부요 의식을 가지고 당신에게 있는 것을 쓰면, 쓰는 그 즉시로 주님이 또 채우십니다. "곧, 즉시, 후히 되어 누르고 흔들어 넘치도록 하여 너희에게 안겨 주리라"고 약속하셨기 때문입니다.

우리 인생은 주든지 빼앗기든지 둘 중에 하나를 경험하며 살아갑니다. 내가 돈을 쓰고 나면 주님께서 즉시 채워 주십니다. 신기한 일입니다. 그래서 나는 항상 돈에 부족함이 없습니다.

항상 모든 것에 모든 것이 넉넉합니다. 아침에 쓰면 오후에 채우십니다. 오후에 쓰면 밤에 채우십니다. 밤에 쓰면 잠자는 내내 채우십니다. 쓰고 돌아서면 바로 돈이 들어오는 경우도 많습니다. 1초도 늦지 않고 정확히 모든 것에 모든 것이 넉넉하여 모든 착한 일을 넘치게 하도록 하나님이 기적적으로 공급해 주십니다.

돈이 없다고 궁상떨지 마십시오. 우주에 있는 모든 금과 은과 돈이 다 우리 아버지 하나님의 것입니다. 그분은 세상 모든 금싸라기 땅과 은빛 나는 고층 빌딩과 돈이 쌓인 은행들의 주인이십니다. 그런 우주의 재벌 총수이신 하나님이 우리 안에 계십니다.

그러므로 "나 돈 없어요" 하면서 지갑을 열어 보이고 천 원짜리 몇 장 밖에 없다는 식으로 궁상떨지 말아야 합니다. 돈이 없다고 말하면 그 말과 믿음대로 지갑에 돈이 계속 없게 됩니다.
 어떤 경우에도 "나는 돈이 많아, 억만장자야"라고 말하십시오.
 오직 믿음만, 원하는 것만 말하십시오.

산책할 때 가장 좋은 옷을 꺼내 입어라

 당신은 산책할 때 편한 옷을 입지 않습니까?
 물론 옷은 편해야 합니다. 하지만 허름한 옷을 입으면 안 됩니다. 산책할 때 중요한 사람을 만나게 될지 누가 압니까?
 "저는 산책할 때 중요한 사람을 만날 일이 없어요"라고 하겠지만 산책할 때 동네 사람들이 당신을 다 쳐다봅니다. 어쩌면 그들이 당신의 인생에 있어 가장 중요한 사람들이 아닐까요? 골목에서 자주 마주치는 그들은 당신의 산책하는 모습을 늘 지켜봅니다.
 당신이 예쁜 옷을 입고 산책할 때 후광을 비칠 것입니다.
 "얼굴만 환하게 웃고 밝으면 되지 않나요?" 그렇지 않습니다.
 평소에 입는 옷이 그 사람의 신분과 의식 수준, 생활 방식 등 수많은 것을 한꺼번에 말해 줍니다. 그러므로 행사 때만 아니라 평소에 동네를 산책할 때 정말 좋은 옷을 꺼내 입어야 합니다.
 옷이 없다고 궁상떨지 마십시오. 장롱 속에 좋은 옷을 잔뜩 걸어 놓고는 옷이 없다고 노래 부르는 사람이 있습니다. 그리고는 외출할 때 좋은 옷을 안 입고 허름한 옷만 걸치고 나갑니다. 친구를 만나면 "나 이렇게 다 떨어진 옷을 입고 다니니 얼마나 검소한 그리스도인인가" 하면서 은연중에 자기 의를 드러내는 연기를 합니다. 목회자나 신학생, 선교사님 중에 남루하게 입고 다니며 후원을 요청하는 이들도 있는데 그러면 사람들이 거지에게 동냥하듯 몇 푼만 후원합니다. 큰돈을 기부하지는 않습니다.

주님께서는 "없는 자에게는 그 있는 것도 빼앗고, 있는 자에게는 더 많은 것을 주라"고 하셨습니다. 궁상떨면서 푼돈만 후원받아서는 큰일을 할 수 없습니다. 거액의 연보를 기부 받아야 거대한 복음 전도 사역을 감당할 수 있습니다.

이웃집에 갈 때, 친구들을 만나러 갈 때, 특히 교회에 갈 때 가장 좋은 옷을 꺼내 입고 가십시오. 돈이 있다고 사람들이 당신에게 돈 내라고 말하지 않습니다. 오히려 돈 없는 사람들이 자존심을 내세운다고 충동적으로 돈을 펑펑 쓰는 경우가 더 많습니다.

평소에 가장 좋은 옷을 입어야 합니다. 그렇게 좋은 옷을 입고 모임에 가면 그 옷에 걸 맞는 대우를 받습니다. 허름한 옷을 입고 가면 "이 사람은 싸구려로 대접해도 돼" 하면서 아무렇게나 대합니다. 좋은 옷을 입고 가면 "이 사람은 예의를 갖추어 존중해야겠어. 음식도 좋은 것으로 대접해야겠어"라며 존중하게 됩니다.

주위 사람에게 좋은 대접을 받고 싶으면 먼저 자신이 자신에게 좋은 대접을 해야 합니다. 하나님의 왕족답게 좋은 옷을 챙겨 입고 항상 믿음의 말을 하며 품위를 지키도록 하십시오. 당신이 자신을 귀족처럼 존귀하게 여기며 고급 외투를 입고 깨끗한 구두를 신고 멋진 차를 타고 다니면 그에 합당한 대우를 받습니다.

예수님은 궁상떨지 않았습니다. 허름한 옷을 입고 다니지도 않았습니다. 세탁하지 않은 더러운 옷을 입고 다니지도 않았습니다. 그분은 항상 품위와 고귀함을 유지하셨고 자신을 최고로 대우하시므로 모든 사람에게 최고의 대우를 받으셨습니다.

자신을 천하게 대하지 마십시오. 자신을 최고로 존귀하게 여기며 하나님의 왕족답게 행동하십시오. 음식 먹을 때도 궁상떨지 마십시오. 식사할 때 "나는 가난하고 불쌍한 사람이야"라며 사람들에게 드러나 보이도록 궁색한 티를 내지 마십시오.

부요하고 존귀한 사람의 분위기를 풍기며 산책하십시오.

넓은 집에서 살고 좋은 차를 몰고 다니라

언제까지 쪽방과 똥차 신세로 살 것입니까?
넓은 집에서 살고 좋은 차를 몰고 다니십시오.
부요하신 하나님 아버지에게 넓은 집과 좋은 차를 구하십시오.
하나님은 그분의 자녀인 당신에게 넓은 집과 좋은 차를 주기를 기뻐하십니다. 누더기 옷, 움막집, 똥차를 자랑하지 말고 하나님께 좋은 것을 마음껏 구하고 받아서 당당하게 누리며 사십시오.
"나는 여기 지하 단칸방에서 10년간 살았어요."
"나는 이런 털털거리는 똥차를 20년째 몰고 있어요."
그런 허름한 집과 똥차를 자랑하지 말아야 합니다.
우리가 믿는 하나님 아버지는 부요하신 분입니다. 우리가 믿는 예수님은 여우에게 굴을 주시고 참새에게 거처를 주신 분입니다.

때로 복음을 전하다 보면 머리 둘 곳이 없을 정도로 인격적인 모독과 거절을 당할 때도 있습니다. 하지만 그렇게 살아야 하는 것은 아닙니다. 예수님은 세상 모든 저택과 빌딩들의 주인이시며, 천국에도 셀 수 없을 정도로 많은 최고급 빌라들을 준비해 두신 분이십니다. 그분의 약속을 믿으십시오. "내 아버지 집에 거할 곳이 많도다. 내가 너희를 위하여 처소를 예비하러 간다."(요 14:2)

그분은 이 땅에서도 당신을 위해 처소를 예비하셨습니다.

제발 다 찌그러져 가는 똥차를 자랑하지 마십시오.

"나는 중고차, 똥차를 타고 다니고 있어요. 에어컨도 안돼요. 차문도 잘 안 닫히고 털털거리며 소리가 크게 나요. 언제 펑크 날지 몰라요. 스페어타이어도 없어요. 그래도 잘 굴러가요."

그런 차는 타지 말아야 합니다. 다른 사람의 차를 탈 때도 너무 낡았으면 타이어라도 꼭 확인하고 타야 합니다. 타이어가 다 닳아 있으면 함부로 타지 말아야 합니다. 생명이 걸린 문제입니다.

브레이크가 잘 듣지 않는 차도 있는데 그런 차도 타면 위험합니다. 빨리 죽습니다. 무엇보다 차는 튼튼해야 합니다. 특히 타이어만큼은 상태가 아주 좋아야 합니다. 기본적인 안전은 남이 챙겨 주는 것이 아닙니다. 자기가 직접 챙겨야 합니다. 닳은 타이어를 교체하는데 돈을 아끼지 마십시오. 지금 당장 교체하십시오.

없는 것을 자랑하고 그것을 눈에 띄게 드러내 보이면서 "나는 힘들어요. 어려워요"라며 궁상떨지 말아야 합니다. 인생을 살면서 집과 자동차는 매우 중요합니다. 꼭 좋은 것을 구입하십시오.

이전과 다른 삶을 살겠다고 결심하라

당신은 이전과 다른 삶을 살겠다고 결심한 적이 있습니까?

다른 사람이 당신의 인생에 개입해서 더 나은 삶으로 바꿔 줄 거라고 막연히 기대하지 않습니까? 더 나은 삶을 살겠다고 선택하고 결단하고 움직이는 것은 다른 사람이 해주는 것이 결코 아닙니다. 당신이 직접 해야 합니다. 하나님도 해주지 않으십니다.

당신의 인생은 당신의 인생이므로 당신이 선택해야 합니다.

성경에 소경 거지 바디매오의 이야기가 나옵니다.

예수님을 만나기 전에 그는 다섯 가지 불행에 덮여 있었습니다. 첫째, 그는 아직 죄를 용서 받지 못한 죄인이었습니다. 둘째, 그는 바깥세상만 보지 못했던 것이 아니라 내면에 어두움과 목마름으로 인한 영혼의 갈증도 해결할 길을 찾지 못했습니다. 셋째, 그는 눈에 대한 지병으로 평생 소경의 삶을 살았습니다. 넷째, 그는 오랫동안 거지의 직업으로 누더기를 걸치고 동냥하며 극한 가난 속에 살았습니다. 다섯째, 그는 세상 지식이 부족했을 뿐만 아니라 하나님에 대한 지식도 거의 없는 매우 어리석은 삶을 살았습니다. 그런 그가 예수에 대한 소문을 듣고 완전히 다른 삶을 살겠다고 결심하고 움직이기 시작했습니다.(막 10:46~52)

"내가 예수님을 만나야 되겠다. 이 비참한 삶을 벗어나리라."

그러면서 하루하루 큰 기대를 품고 앉아 있는 가운데, 하루는 땡그랑 하는 소리가 점점 더 작게 줄어들고 수많은 군중들의 웅성거리는 소리가 점점 더 크게 들리기 시작했습니다.

그는 한 사람을 붙잡고 물었습니다.

"이게 무슨 소리에요? 누가 여기 왔나요?"

"아, 나사렛 예수라는 분이 이 마을을 지나가신답니다."

"그래요?"

드디어 기회가 왔다고 여긴 그는 움직이기 시작했습니다.

그는 눈이 보이지 않았습니다. 주위에 친구도 없었습니다. 그가 할 수 있는 것은 평소에 각설이 노래를 불렀던 그 목소리로 크게 외치는 것뿐이었습니다. 그는 목이 터져라 소리쳤습니다.

"다윗의 자손 예수여! 나를 불쌍히 여기소서."

그 순간 예수님이 뚝 멈추셨습니다. 그리고 그를 불렀습니다.

"그를 데려오라."

이 말을 들은 그는 갑자기 겉옷을 확 벗어 던지고 예수님께 달려 나왔습니다. 예수님께서 그에게 분명히 물으셨습니다.

"내가 너에게 무엇을 하여 주기를 원하느냐?"

"네, 보기를 원합니다."

"네 믿음대로 되라."

그 순간 깨끗함을 입었습니다. 선택이 기적을 만난 것입니다.

바디매오는 "나는 더 이상 거지의 삶을 살지 않겠어" 하고 그 누더기 옷을 집어던졌던 것입니다. 당신도 결단해야 합니다.

당신이 걸치고 있는 누더기 옷을 다 벗어던지십시오.

거지 습관을 다 버리십시오. 거지 의식을 다 던지십시오.

하나님의 자녀의 억만장자 마인드를 가지십시오.

받았다는 믿음으로 감사 기도를 하라

마가복음 6장에는 오병이어 사건이 나옵니다.
예수님께서 제자들에게 말씀하셨습니다.
"너희는 따로 한적한 곳에 가서 좀 쉬어라."
그리고 예수님께서 배를 타고 강 건너로 가셨는데 그곳에 수많은 사람들이 모여 있었습니다. 예수님께서 많은 무리가 모인 것을 보시고 목자 없는 양같이 불쌍히 여기셨습니다. 그분은 여러 가지 비유로 하나님 나라의 말씀을 가르치셨습니다.
때가 저물어 가고 있을 때 제자들이 나와 말했습니다.
"예수님. 이곳은 빈들입니다. 때도 저물어 가고 있으니 무리를 보내 촌과 마을로 가서 무엇을 사 먹게 하는 게 좋겠습니다."
예수님께서 대답하셨습니다.
"너희가 먹을 것을 주어라."
"우리는 돈이 없습니다. 이 사람들을 먹이려면 200데나리온 정도는 더 있어야 되는데 지금 그런 돈이 없습니다. 못합니다."
그들은 궁상을 떨었습니다. 예수님께서 말씀하셨습니다.
"너희는 거지가 아니다. 너희는 하늘나라의 대사들이다. 너희는 우주의 주인이신 하나님을 믿고 있다. 너희가 무엇을 가지고 있든지 그것을 찾아 가지고 오너라. 없다는 말은 하지 마라."
그때 제자 중에 하나가 어린 아이의 손에 있던 떡 다섯 개와 물고기 두 마리를 찾아 예수님께 가지고 왔습니다. 예수님께서 사람들을 100명씩 50명씩 무리 지어 다 앉히라고 하셨습니다.

그리고 하늘을 우러러 보시며 받았다고 믿고 축복하며 감사의 기도를 하셨습니다. 이것이 '믿음의 기도의 비결'입니다.

"하나님 아버지, 저는 궁상떨지 않습니다. 저는 부요한 자입니다. 여기에 모인 사람들을 이미 다 먹였음을 감사드립니다."

그러자 갑자기 신기한 하늘의 기운이 그곳에 감돌기 시작했습니다. 예수님은 떡과 생선을 제자들에게 주며 말씀하셨습니다.

"이것을 사람들에게 나누어 주어라."

나누어 주니 "펑" 하고 생기고 나누어 주니 또 "펑" 하고 생겼습니다. 오천 명이 다 먹고도 열두 광주리가 남았습니다. 예수님은 하나님의 창조적인 공급을 믿으셨습니다. 어떤 경우에도 결코 궁상을 떨지 않으셨습니다. 당신도 하나님의 기적을 믿으십시오.

손에 작은 것밖에 없다고 원망하고 저주하지 마십시오.

비록 작은 것이라도 축복하십시오. 한 번 기도하고 구한 것은 받았다고 믿고 감사의 기도를 하십시오. 그러면 신비한 기운이 감돌기 시작할 것이며 기적이 일어날 것입니다.

사랑하는 마음은 천조 원보다 귀하다

당신은 사랑하는 마음의 가치가 얼마나 큰 지 아십니까?

부부간에도 가장 귀한 것은 '서로 사랑하는 마음'입니다.

부모 자녀, 형제 친척 친구 등, 이 세상에는 많은 사랑이 있지만 그 중에서 예수님을 사랑하는 마음이 가장 크고 귀합니다.

예수님을 사랑하는 마음은 천조 원보다 더 크고 귀합니다.

어느 날 예수님께서 베다니의 한 작은 집에 들어가셨습니다.

그곳은 예수님께서 죽은 자 가운데서 살리신 나사로가 있는 곳이었습니다. 거기서 마르다가 일을 하고 있었고 나사로는 모인 사람들에게 자기가 죽었다가 살아난 기적을 나누고 있었습니다.

그때 마리아라는 한 여인이 매우 값비싼 향유 곧 순전한 나드 한 근을 가져다가 예수님의 발에 부었습니다. 머리털로 그의 발을 씻겼습니다. 향유 냄새가 온 집에 가득히 퍼졌습니다.

그녀는 입술로 키스하면서 예수님의 발을 말렸습니다.

그때 부은 향유는 300데나리온이나 되는 엄청난 것이었습니다. 5천 명을 먹이는데 200데나리온이면 충분했는데 예수님께 부은 향유는 그보다 더 많은 것이었습니다. 그녀의 마음은 부요했습니다. 눈에 보이는 것에만 민감했던 궁상떠는 제자 가룟 유다가 예수님께 나아와 화를 내며 말했습니다.

"이 향유를 팔아 가난한 자들에게 주는 편이 훨씬 더 낫겠습니다. 이걸 빵으로 바꾼다면 얼마나 많은 사람들을 먹일 수 있겠습니까? 이렇게 낭비하다니…… 도저히 있을 수 없는 일입니다."

예수님께서 그의 마음을 가라앉히며 말씀하셨습니다.

"조용해라. 이것은 사치나 낭비가 아니다. 이 여인은 내 장례를 준비하고 있는 것이다. 아주 잘하고 있는 것이며 내가 이 여인의 행한 일을 영원히 잊지 않고 후세에도 기념하도록 하겠다."

예수님은 그녀의 사랑하는 마음에 감동을 받으셨습니다.

사랑하는 사람의 기념일에는 돈을 아끼지 마라

당신은 평소에 펑펑 쓰면서 기념일에는 궁상떨지 않습니까?

희한하게 기념일만 되면 돈이 떨어져서 쩔쩔 매지 않습니까?

그것은 당신이 사랑하는 사람의 가치를 모르기 때문에 궁상을 떠는 것입니다. 당신이 사랑하는 사람은 당신의 전부와 같습니다. 사랑하는 사람이 없다면 당신이 하는 모든 일은 의미가 없기 때문입니다. 그러므로 사랑하는 사람의 중요한 기념일에는 돈 쓰는 것을 계산하지 말아야 합니다. 기념일에는 계산기를 끄십시오.

하나님을 사랑하는 일에도 계산기를 꺼야 합니다.

"안식일을 기억하여 거룩히 지키라"(출 20:8)고 했습니다.

여기서 "기억"이란 말은 '기념'을 의미합니다.

안식일은 하나님이 일을 많이 해서 피곤하다고 쉬신 날이 아닙니다. 그분이 6일 동안 천지 만물을 창조하셨다는 것을 기억하고 기념하게 하려고 당신을 위해 정하신 기념일입니다. 그러므로 당신이 안식일을 위해 있지 않고 안식일이 당신을 위해 있습니다.

주일도 하나님이 예수 그리스도를 통해 구속 사역을 다 이루셨다는 것을 기억하고 기념하게 하려고 당신을 위해 정하신 기념일입니다. 그러므로 당신이 주일을 위해 있지 않고 주일이 당신을 위해 있습니다. 주님께서 당신에게 말씀하십니다.

"네가 구원을 얻기 위한 모든 일을 내가 십자가에서 피와 물을 쏟으며 다 이루어 놓았다. 그러므로 더 이상 네가 해야 할 일이 없다는 것을 기억하고 기념하는 날이 바로 주일이다."

그러므로 주일을 다른 날과 비교하며 계산하지 말아야 합니다. 주일을 지키기 위해 쓰는 교통비와 헌금에 부요해야 합니다.

나를 구원하신 하나님의 투자에 비하면 그 무엇을 드려도 아깝지 않습니다. 주일은 내 영혼을 구원하시고 나를 그분의 아내로 삼으신 것을 기념하며 예배하는 날입니다. 그러므로 택시를 타고 교회에 가서 두 배로 헌금하며 부요 믿음으로 예배해야 합니다.

"오늘 하루 일하면 돈이 얼마야?"

"교회에 가는 차비, 헌금, 시간 등 너무 많은 것이 소모되잖아. 교회에 가서 예배하며 앉아 있는 것은 배부른 사람들이나 하는 사치스러운 종교 행위에 불과해. 나는 주일에 교회 가려고 돈 쓰는 것이 손 떨려. 차라리 그 돈으로 빵이나 하나 더 사 먹지."

주일에는 쉬면서 교회에 가서 예배해야 합니다.

주일에 일하러 가는 것은 자기 힘으로 먹고 살겠다는 교만입니다. 교만한 생각을 버리고 하나님을 믿고 의지해야 합니다.

당신도 안식 후 첫째 날인 주일을 꼭 기억하고 그 날을 쉬며 하나님께 예배하기 바랍니다. 그 후에 나머지 6일을 하나님이 다 이루어 놓으신 일을 믿는 믿음으로 은혜 안에서 살아야 합니다.

이런 이유로 인해 주일은 다른 메시지를 전하면 안 됩니다.

주일은 예수님이 십자가에서 다 이루었다는 것을 기념하는 날이므로 '예수님이 십자가에서 다 이룬 복음'만 전해야 합니다.

"여러분, 예수님이 십자가에서 다 이루었습니다. 우리가 어떤 행위를 하므로 구원을 얻는 것이 아닙니다. 우리는 오직 그분이 다 이루어 놓으신 것을 인정하고 믿음으로 값없이 돈 없이 구원과 안식과 행복을 누리게 되었습니다. 이 사실을 결코 잊지 마세요."

주일 설교 시간에는 윤리적이고 도덕적이고 철학적이고 심리학적인 잡다한 이야기를 늘어놓으면 안 됩니다. 오직 복음만 말하며 하나님이 행하신 일을 기념해야 합니다. 주일을 기억하여 거룩히 지킨다는 것은 예수님이 다 이루신 복음의 내용을 되새기며 그 복음 안에서 안식을 취하며 그 복음의 행복을 기념한다는 것입니다. 구원의 즐거움으로 교회에 오고 자원하는 심령으로 예배하십시오. 그리고 모든 것을 당당하게 누리며 사십시오.

부를 창출해 내는 10퍼센트의 인물이 되라

당신은 창조적인 믿음을 갖고 있습니까?

나는 하나님이 주신 창조적인 믿음으로 내게 부딪힌 돈 문제를 해결해 나갑니다. 내가 믿는 하나님은 없는 것을 있는 것처럼 부르시는 분이고 안 되는 것을 되게 하시는 분입니다. 당신도 나처럼 창조주 하나님을 믿는 창조적인 믿음으로 살기 바랍니다.

"세계의 10퍼센트의 사람들이 큰 부를 갖고 있다"고 말합니다.

이를 놓고 어떤 사람은 "그 10퍼센트의 사람들이 세상의 부를 독점하고 있기 때문에 90퍼센트의 사람들이 기아와 질병, 실직으로 고통당하고 있다. 그 부를 모두 빼앗아 가난한 사람들에게 공평하게 나눠 주면 모두가 배불리 먹고 잘 살 수 있다"고 말하지만 꼭 그런 것은 아닙니다. 왜냐하면 10퍼센트의 핵심 역량을 가진 인재들이 계속 부를 창출해 내기 때문에 전 세계가 이 정도로 풍요롭게 돌아가고 있기 때문입니다. 만약 부를 창출하고 관리하는 핵심 인재 10퍼센트가 가진 부를 빼앗아 모두에게 공평하게 나누면 어떻게 될까요? 다 가난해져서 다시 원래 모습대로 돌아가고 말 것입니다. 왜 그럴까요? 진정한 부는 창조적인 믿음과 창조적인 지혜에서 나오는 것이기 때문입니다. 그리고 그 창조적인 믿음과 창조적인 지혜는 하나님과 성경으로부터 말미암습니다. 그래서 예수님이 "가난한 자들에게 복음을 전파하라"고 하셨던 것입니다. 온전한 복음은 가난한 사람을 진정으로 부요하게 만드는 능력이 있습니다. 예수 그리스도 온전한 복음이 무엇입니까?

"예수님이 죄를 짊어지셨으므로 우리는 의를 선물로 받았다."

"예수님이 가난을 짊어지셨으므로 우리는 부요하게 살 자격이 있다. 부를 주장하고 믿고 누리며 살아야 한다."

복음은 모든 믿는 자들에게 구원을 주시는 하나님의 능력입니다. 복음도 구원도 전인적인 것입니다. 복음은 죄와 목마름, 병과 가난, 어리석음에서 구원하시는 하나님의 능력입니다.

우리는 삶의 모든 영역에 있어 궁상떨지 말아야 합니다.

궁상떨이를 주변에 두고 그의 말에 귀를 기울이지 마십시오.

오히려 그를 꾸짖고 잠잠하게 하십시오. 그에게 부요 믿음을 가르치십시오. 하나님은 그 사람의 믿음으로 보시고 그의 믿음대로 모든 것에 모든 것이 넉넉하도록 채워 주십니다.

가룟 유다는 향유를 붓는 여인을 보며 책망했습니다.

"차라리 그 돈으로 가난한 사람을 돕는 것이 낫겠다."

예수님께서 마음을 가라앉히라고 말씀하셨습니다.

"저를 가만 두어라. 나의 장사를 위하여 이를 행하게 하라. 가난한 자들은 너희와 항상 함께 있지만 나는 그렇지 않다. 복음이 전파되는 곳마다 이 여인이 행한 일을 알려 함께 기념하라."

그 여인은 300데나리온의 향유를 부었지만 그 사건이 성경에 기록되어 2000년 동안 수많은 사람들의 인생을 바꾸고 있습니다.

가난한 사람에게 베푼 것보다 2000배 이상 큰 헌신이었습니다.

당신도 예수님을 사랑하는 마음으로 돈을 쓰십시오.

그 행한 일이 영원히 남을 것입니다.

힘든 티를 내지 말고 부요 믿음으로 살라

당신은 힘들고 어려운 티를 내지 않습니까?

그러면 당신이 지금 그나마 가진 것조차 다 잃게 될 것입니다.

힘든 티를 내면 힘든 공기가 형성되어 더 힘들어지고 어려운 티를 내면 어려운 공기가 형성되어 더 어려워집니다.

나는 지금까지 힘들고 어려운 적이 많았지만 한 번도 힘들고 어려운 티를 내지 않았습니다. 항상 부요 믿음으로 살았습니다. 사람들은 내가 지하에서 아이들 네 명과 함께 보증금 300만 원에 월세 30만 원을 내며 살 때도 억만장자인 줄 알았다고 했습니다.

내가 가진 차를 한 목사님에게 주고 차가 없어서 몇 년 동안을 걸어 다녔지만 사람들은 내게 벤츠가 있는 줄 알았다고 했습니다.

"나 넓은 아파트에 살아. 벤츠와 롤렉스시계가 있어"하고 내보이며 자랑하지 않았지만 다들 내가 그런 것을 가진 줄 알았다고 했습니다. 하긴 그때는 그런 것들이 없었으니 자랑할 일도 없었습니다. 나는 그런 것들을 부요하신 하나님 아버지에게 구했고 시간과 공간을 초월해 성령 안에서 이미 그것을 다 받은 사람처럼 행동했습니다. 손에 가진 것처럼 행동하는 것이 믿음입니다.

"믿음은 바라는 것들의 실상이요 보이지 않는 것들의 증거니"(해 11:1)라고 했습니다. 당신도 바라는 것들을 이미 손에 가졌다고 믿어야 합니다. 손에 가진 것을 말하는 것은 믿음이 아닙니다. 손에 가진 것은 현상입니다. 보이지 않는 것들을 본다고 말하는 것이 믿음입니다. 나는 시작도 과정도 끝도 모두 믿음으로 살았습니다. 인생은 믿음으로 시작해서 믿음으로 끝내야 합니다.

"나의 의인은 믿음으로 말미암아 살리라"(히 10:38)고 했습니다. 내가 믿음으로 살자 하나님은 정말 내 믿음대로 모든 것을 하나씩 나타내기 시작하셨습니다. 그 결과 내가 기도하고 구한 것들을 다 받았습니다. 예수 그리스도를 믿음으로 말미암아 의인이 된 당신도 모든 일에 현상이 아닌 믿음으로 살아야 합니다.

당신 안에 가득한 믿음이 당신의 가장 큰 재산입니다.

힘들고 어려운 티를 내지 마십시오. 가난한 상태가 드러나 보이도록 궁상떠는 행동을 하지 마십시오. 초라하고 꾀죄죄하게 보이므로 동정을 얻으려고 하지 마십시오. 사람들에게 불쌍히 보이므로 위로받으려고 하지 마십시오. 사람은 도울 힘이 없습니다.

도울 힘이 없는 인생과 방백을 의지하지 마십시오.

"귀인(권력 있는 사람, 힘 있는 고관)들을 의지하지 말며 도울 힘이 없는 인생도 의지하지 말지니……."(시 146:3)

당신에게 필요한 것이 있으면 예수 이름으로 하나님 아버지에게 당당하게 달라고 부탁하십시오. 그러면 다 얻게 될 것입니다.

"지금까지는 너희가 내 이름으로 아무 것도 구하지 아니하였으나 구하라. 그리하면 받으리니 너희 기쁨이 충만하리라."(요 16:24)

나도 원래 빈손이었습니다. 하지만 나는 하나님의 자녀로서 무엇이든지 제한하지 않고 구했습니다. 지금 내가 얻은 모든 것은 다 하나님께 기도해서 응답으로 받은 것입니다. 당신도 구하십시오.

아무리 힘들어도 궁상떨지 말고 부요 믿음으로 사십시오.

오늘 부로 궁상떠는 삶을 완전히 졸업하기 바랍니다.

"하나님, 저는 오늘 부로 궁상떠는 것을 졸업했습니다. 이제부터는 그리스도 안에서 당당하게 부를 누리며 하나님의 자녀답게 살겠습니다. 하나님이 나의 공급자이심을 믿습니다."

사람을 의지하지 말고 자급자족하라

당신은 사람을 의지하므로 낙심한 적이 없습니까?

"그 사람이 지금 잘나가고 있대. 내가 부탁하면 도와줄 거야."

그 사람은 그 사람의 인생이 있습니다. 그 사람이 잘나가든 말든 상관치 말고 당신은 당신의 인생을 살아야 합니다. 당신의 인생을 책임지고 돕는 분은 잘나가는 사람이 아닙니다. 당신과 함께 계신 하나님이십니다. 자나 깨나 하나님만 바라보십시오.

사람을 의지하면 마음에서 행복이 사라집니다. 사람에게 쩔쩔매게 됩니다. 하나님은 당신이 사람의 종이 되길 원치 않으십니다. 하나님은 당신이 오직 하나님의 종으로 살기 원하십니다.

사람을 의지하지 말고 하나님을 바라보며 자급자족하십시오.

당신에게 필요한 돈 문제는 당신이 벌어서 해결하십시오.

하나님을 기억하십시오. 하나님이 당신에게 재물 얻을 능력을 주셨습니다. "네 하나님 여호와를 기억하라. 그가 네게 재물 얻을 능력을 주셨음이라."(신 8:18)

사람을 의지하면 마음이 불행해지고 원망이 생깁니다.

"엄마 아빠가 왜 나를 좀 안 도와주는 거야? 아, 힘들어."

"형이 왜 내게 돈을 좀 안 주는 거야? 잘나가면서……."

"돈 잘 버는 그 친구가 나를 좀 도와주면 좋겠는데……."

"아들이 내게 필요한 집과 가구, 옷과 구두를 사주면 좋을 텐데……. 사업이 잘된다면서 왜 내게 그런 걸 안 해주는 거야?"

그 사람은 그 사람의 인생이 있습니다.

왜 그 사람을 의지합니까? 그 사람이 당신의 하나님입니까?

당신은 당신의 하나님을 의지해야 합니다.

"나의 하나님이…… 채우시리라."(빌 4:19)

하나님이 당신의 모든 돈 문제를 해결하시는 분입니다.

아무것도 염려하지 말고 모든 일에 감사함으로 하나님께 아뢰십시오. "아무것도 염려하지 말고 오직 모든 일에 기도와 간구로, 너희 구할 것을 감사함으로 하나님께 아뢰라. 그리하면 모든 지

각에 뛰어난 하나님의 평강이 그리스도 예수 안에서 너희 마음과 생각을 지키시리라."(빌 4:6~7)

하나님을 존중하고 그분께 당신의 입을 열어 중얼거리며 당신의 돈 문제를 아뢰면 그분이 응답하시고 다 채우십니다.

"나의 하나님이 그리스도 예수 안에서 영광 가운데 그 풍성한 대로 너희 모든 쓸 것을 채우시리라."(빌 4:19)

나는 지금까지 "하나님이 내 모든 쓸 것을 채우신다"는 믿음으로 살았습니다. 하나님은 나를 실망시킨 적이 없습니다. 내가 구한 것을 어떻게든 다 채우셨습니다. 때로는 더딘 것 같았지만 시간이 지나고 나면 한꺼번에 다 채워 주셨습니다. 내가 많은 날들을 고민하기도 했지만 때가 되자 하루 만에 다 채우셨습니다.

"하나님이 하루 만에 다 주신다. 어떻게든 주신다."

하나님 아빠는 우주의 재벌 총수다

당신은 하나님께 대해 어떤 믿음을 갖고 있습니까?

우리가 믿는 하나님 아빠는 우주 만물을 창조하신 부요하신 분입니다. 주일마다 "전능하사 천지를 만드신 하나님 아버지를 내가 믿사오며……"라고 신앙고백을 하면서 삶은 왜 가난합니까?

잘못된 선입견으로 인해 수십 년간 가난에 절어 살지 않았습니까? 노예 신학을 배워 노예 마인드로 노예처럼 살고, 거지 신학을 배워 거지 마인드로 거지처럼 살고 있지는 않습니까?

잘못된 지식이 잘못된 인생을 살게 합니다.

"내 백성이 지식이 없으므로 망하는도다."(호 4:6)

당신의 의식 수준을 완전히 바꾸어야 합니다. 의식 수준이 낮으면 죽을 때까지 가난하게 살아야 합니다. 의식 수준을 높여야 그에 걸맞은 재물을 얻게 되고 백배의 복을 받게 됩니다.

'비참한 의식 수준'을 버리고 '비옥한 의식 수준'을 가지십시오. 하나님이 창조하신 에덴동산은 비옥한 땅이었습니다.

"강이 에덴에서 흘러 나와 동산을 적시고 거기서부터 갈라져 네 근원이 되었으니 첫째의 이름은 비손이라 금이 있는 하윌라 온 땅을 둘렀으며 그 땅의 금은 순금이요 그 곳에는 베델리엄과 호마노도 있으며 둘째 강의 이름은 기혼이라 구스 온 땅을 둘렀고 셋째 강의 이름은 힛데겔이라 앗수르 동쪽으로 흘렀으며 넷째 강은 유브라데더라."(창 2:10~14)

우리가 믿는 하나님 아버지는 우주의 재벌 총수요 억만장자이십니다. 그분의 자녀인 우리도 억만장자의 삶을 사는 것이 당연합니다. 예수님은 제발 돈 때문에 염려하지 말라고 하셨습니다.

"너희는 무엇을 염려하고 근심하느냐? 공중 나는 새도 내가 먹이고 들에 핀 백합화도 내가 입히거늘 하물며 너희일까 보냐?"

더 좋은 집으로 이사한다는 꿈을 가지라

우리가 죽어서 가는 천국은 얼마나 부요한 곳입니까?

거기에는 움막이 없습니다. 굴다리도 동굴도 없습니다. 쾌쾌한 냄새가 나는 거적때기가 없습니다. 거기에는 누더기 옷도 거지의 동냥 깡통도 없습니다. 깡패 소굴 같은 그런 창고도 없습니다.

거기에는 전부 으리으리한 저택만 있습니다.

예수님은 집 문제 때문에 근심하지 말라고 말씀하셨습니다.

"너희는 마음에 근심하지 말라. 하나님을 믿으니 또 나를 믿으라. 내 아버지 집에 거할 곳이 많도다. 그렇지 않으면 너희에게 일렀으리라. 내가 너희를 위하여 거처를 예비하러 가노니 가서 너희를 위하여 거처를 예비하면 내가 다시 와서 너희를 내게로 영접하여 나 있는 곳에 너희도 있게 하리라."(요 14:1~3)

하나님의 자녀는 이 땅에서나 천국에서나 집 문제 때문에 근심하지 말아야 합니다. 하나님이 어떻게든 그분의 자녀가 좋은 집에서 살게 하신다는 것을 믿어야 합니다.

어제는 시골에서 오신 부모님과 함께 서울 잠실의 롯데월드타워 123층에 올라갔습니다. 전망대를 한 바퀴 돌면서 아래를 내려다보니 서울의 동서남북이 다 잘 보였고 내가 사는 아파트도 눈에 쏙 들어왔습니다. 그때 나는 아내와 이런 대화를 나눴습니다.

"하나님이 점 하나 딱 찍어 주고 '너 여기서 살아'라고 하신 것 같아. 사람들은 평생 집 한 채 마련하려고 애쓰지만 하나님 아빠가 볼 때는 다 작은 것들이야."

그렇습니다. 하나님이 보실 때는 다 작은 것들입니다.

집을 사기 위해 너무 힘쓰고 애쓰지 않아도 됩니다. 하나님 아빠가 하루 만에 다 주십니다. 그것도 한 채만 아닌 열 채, 백 채를 주십니다. 하나님은 부요하십니다. 그분은 아브라함과 이삭과 야곱에게 큰 부를 주셨습니다. 요셉과 모세와 다윗과 솔로몬, 욥에게도 큰 부를 주셨습니다. 당신에게도 큰 부를 주실 것입니다.

예수님은 당신에게 좋은 집이 있어야 할 줄 아십니다.

그분은 당신을 위해 최고의 처소를 준비하시는 분입니다. 그분이 한낱 동물도 귀하게 여겨 집을 주셨다면 하물며 당신을 얼마나 더 귀하게 여기고 당신을 위해 좋은 집을 예비해 두셨겠습니까?

하나님을 믿으십시오. 그러면 반드시 믿음의 상을 주십니다.

이 땅의 장막은 영원한 것이 아닙니다. 언젠가는 사라집니다.

이 땅의 장막이 사라져도 천국에 아름답고 멋있고 고급스러운 저택이 더 좋은 장막으로 당신을 위해 준비되어 있습니다.

하나님은 "나중에 천국에 오면 좋은 집을 줄게. 지금은 동굴 같은 집에서 살아라. 고시원과 쪽방에서 고생하며 살아라"고 하지 않으십니다. "내 사랑하는 아들딸아, 이 땅에서부터 좋은 집을 구하고 받아 누려라"고 하십니다. 하나님께 좋은 집을 구하십시오.

당신은 지금 어떤 집에서 살고 있습니까? 성령님의 인도하심을 따라 더 좋은 집으로 이사하십시오. 현실에 안주하지 마십시오.

나는 결혼하고 지금까지 이사를 15번 정도 했습니다.

믿음으로 이사할 때마다 하나님이 더 좋은 집으로 인도하셨습니다. 지금의 집도 감사하면서 행복하게 살되 더 좋은 집으로 이사할 꿈을 가지십시오. "아브라함이 거기서 남방으로 이사하여 가데스와 술 사이 그랄에 우거하며……."(창 20:1)

하나님의 나라의 부요는 당신 안에 있다

당신은 죽어서 천국 가는 것만 기다리지 않습니까?

이 땅에 살면서 지옥같이 죄 가운데서 목마르고 병들고 가난하고 어리석게 살다가, 죽어서 천국에 가서야 의로워지고 성령 충만해지고 건강해지고 부요해지고 지혜로워지는 것이 당신을 향한 하나님의 뜻이 아닙니다. 결코 그렇지 않습니다.

하나님은 그분의 자녀들이 이 땅에서도 의롭게 살고 성령 충만하고 건강하고 부요하고 지혜롭게 살다가 죽어서 천국에 가면 더 풍요로운 하나님의 삶을 누리기를 원하십니다.

수많은 그리스도인들이 이 땅에서 가난하고 헐벗고 고생하고 병들고 날마다 죄짓고 살다가 죽어서 천국에 가야만 행복해질 거라고 생각하는데 그것은 오산입니다. 물론 성경은 "너희가 죽어서 천국에 가면 행복해진다"라고 말하고 있습니다. 하지만 그뿐 아니라 "이 땅에서부터 천국의 행복과 부를 누려라"고 말합니다.

예수님은 "회개하라. 천국이 가까웠느니라"고 하셨습니다.

어디까지 가까웠습니까? 예수 믿지 않는 사람들에게는 천국이 코앞까지 가까이 왔고 예수 믿는 사람들에게는 천국이 콧속에까지 들어왔습니다. 천국 곧 하나님의 나라가 어디에 있다고요?

당신의 코 안에 있습니다. 당신 안에 천국이 가득합니다.

"하나님의 나라가 여기 있다. 저기 있다 하지 말지니 하나님의 나라는 너희 안에 있느니라."(눅 17:21)

천국이 당신 안에 들어왔으니 마음으로부터 천국의 모든 속성을 누려야 하며 그러한 천국의 부와 행복이 삶의 전반에 걸쳐 나타나야 합니다. 부는 끌어 모으는 것이 아니라 당신 안에서부터 흘러나오는 것입니다. 당신은 이 세상에 있는 재물을 끌어 모으는 자력을 먼저 발견해야 합니다. 그것은 곧 '부에 대한 믿음'입니다. 믿음이 우선되어야 원하는 모든 것이 따라옵니다.

성경은 그리스도의 빛을 받은 교회가 받아 누리게 될 엄청난 부에 대해 다음과 같이 말하고 있습니다.

"그 때에 네가 보고 희색을 발하며 네 마음이 놀라고 또 화창하리니 이는 바다의 풍부가 네게로 돌아오며 열방의 재물이 네게로 옴이라. 허다한 약대, 미디안과 에바의 젊은 약대가 네 가운데 편만할 것이며 스바의 사람들은 다 금과 유향을 가지고 와서 여호와의 찬송을 전파할 것이며 게달의 양무리는 다 네게로 모여지고 느바욧의 수양은 네게 공급되고 내 단에 올라 기꺼이 받음이 되리니 내가 내 영광의 집을 영화롭게 하리라. 저 구름같이, 비둘기가 그 보금자리로 날아오는 것같이 날아오는 자들이 누구뇨? 곧 섬들이 나를 앙망하고 다시스의 배들이 먼저 이르되 원방에서 네 자손과 그 은금을 아울러 싣고 와서 네 하나님 여호와의 이름에 드리려 하며 이스라엘의 거룩한 자에게 드리려 하는 자들이라. 이는 내가 너를 영화롭게 하였음이니라. 내가 노하여 너를 쳤으나 이제는 나의 은혜로 너를 긍휼히 여겼은즉 이방인들이 네 성벽을 쌓을 것이며 네 성문이 항상 열려 주야로 닫히지 아니하리니 이는 사람들이 네게로 열방의 재물을 가져오며 그 왕들을 포로로 이끌어 옴이라."(사 60:5~11)

당신이 재물을 좇아가는 것이 아닙니다. 당신이 재물을 끌어오는 것도 아닙니다. 하나님이 당신에게 안겨 준다고 했습니다. 그 조건이 있는데 무엇일까요? '하나님의 믿음'입니다. 하나님의 믿음은 '기도하고 구한 것을 받았다고 믿는 것'입니다. 받았다고 믿으면 성령의 나타남이 있게 되고 날마다 기적이 일어납니다.

"예수께서 그들에게 대답하여 이르시되 하나님을 믿으라. 내가 진실로 너희에게 이르노니 누구든지 이 산더러 들리어 바다에 던져지라 하며 그 말하는 것이 이루어질 줄 믿고 마음에 의심하지 아니하면 그대로 되리라. 그러므로 내가 너희에게 말하노니 무엇이든지 기도하고 구하는 것은 받은 줄로 믿으라. 그리하면 너희에게 그대로 되리라. 서서 기도할 때에 아무에게나 혐의가 있거든 용서하라 그리하여야 하늘에 계신 너희 아버지께서도 너희 허물을 사하여 주시리라 하시니라."(막 11:22~25)

"하나님을 믿으라"는 말씀은 '하나님의 믿음을 가지라'는 뜻입니다. 하나님의 믿음이 무엇이라고요? 그 다음 구절에 나옵니다.

"누구든지 이 산더러 들리어 바다에 던져지라 하며 그 말하는 것이 이루어질 줄 믿고 마음에 의심하지 아니하면 그대로 되리라. 그러므로 내가 너희에게 말하노니 무엇이든지 기도하고 구하는 것은 받은 줄로 믿으라. 그리하면 너희에게 그대로 되리라."

어떠한 경우에도 믿음의 말만 하십시오.

마음에 조금도 의심하지 마십시오. 완전히 믿으십시오.

첫째, 하나님을 완전히 믿으십시오. 둘째, 기도하고 구한 것을 받았다고 완전히 믿으십시오. 셋째, 인생이 꿈대로 믿음대로 다

된다는 것을 완전히 믿으십시오. 그러면 진짜 그대로 될 것입니다. 나는 그렇게 믿었기 때문에 꿈대로 믿음대로 다 되었습니다.

"너희 믿음대로 되라."(마 9:29)

성령님을 존중히 모시고 살라 . 제 3 부 - 김사라
성령님을 모시고 가서 등진 사람을 만나라

당신은 등진 사람을 용서한 적이 있습니까?

나는 사소한 감정적인 문제로 등진 사람 때문에 10년간 고통을 느끼다가 어느 날 성령님의 도우심으로 그를 용서하고 마음에 자유를 얻은 적이 있습니다. 당신도 등진 사람을 용서해야 합니다. 등진 사람을 용서하지 않으면 복의 문이 열리지 않습니다.

등진 사람을 용서해야 복의 문이 열린다

등진 사람은 당신의 힘으로 용서할 수 없습니다. 그러므로 성령님께 도움을 구해야 합니다. 당신이 이 땅에서 다투며 사람들과 등지는 것은 대부분 하찮은 것 때문이고 감정적인 문제입니다. 백배로 크게 생각하며 그 사람을 이해하고 품어야 합니다.

그런 사람이 100명 정도 있다고 생각하고 너그럽게 용서하십시오. 당신 곁에 계속 징징 대는 사람이 있어 미칠 지경이라고요? 사울 왕의 창을 피해 도망간 다윗에게는 그런 사람이 400명이나 되었습니다. 하지만 다윗은 그들을 모두 다스렸습니다.

"환난 당한 모든 자와 빚진 모든 자와 마음이 원통한 자가 다 그에게로 모였고 그는 그들의 우두머리가 되었는데 그와 함께 한 자가 사백 명 가량이었더라."(삼상 22:2)

환난 당한 자와 빚진 자와 마음이 원통한 자들은 징징대기 일쑵니다. 당신이 목회를 하든, 사업을 하든, 학교를 운영하든, 그런 사람이 사백 명 정도 있다고 생각하면 아무것도 아닙니다. 다윗이 어떻게 그 모든 사람을 품을 수 있었을까요? 자신의 삶에 그 사백 명보다 억만 배나 크신 성령님을 존중히 모셨기 때문입니다.

"내가 여호와를 항상 내 앞에 모심이여, 그가 나의 오른쪽에 계시므로 내가 흔들리지 아니하리로다."(시 16:8)

다윗이 성령님을 모시지 않고 직접 부딪혔다면 머리가 터져 죽었을 것입니다. 그가 성령님을 모셨기 때문에 성령님의 기름 부음이 그 모든 사람들을 다스리게 하셨던 것입니다. 그뿐입니까?

다윗은 성령님을 모셨기 때문에 항상 기뻐했습니다.

"이러므로 나의 마음이 기쁘고 나의 영도 즐거워하며 내 육체도 안전히 살리니 이는 주께서 내 영혼을 스올에 버리지 아니하시며 주의 거룩한 자를 멸망시키지 않으실 것임이니이다. 주께서 생명의 길을 내게 보이시리니 주의 앞에는 충만한 기쁨이 있고 주의 오른쪽에는 영원한 즐거움이 있나이다."(시 16:9~11)

성령님을 모시지 않고 당신의 힘으로 사람들을 상대하면 심한 스트레스를 받아 당신의 머리털이 다 빠질 것입니다. 하지만 성령님을 모시고 그분과 함께 사람들을 대하면 머리에 있는 보배로운 기름 부음이 흘러내려 당신의 머리털이 무성해질 것입니다.

"보라, 형제가 연합하여 동거함이 어찌 그리 선하고 아름다운고? 머리에 있는 보배로운 기름이 수염 곧 아론의 수염에 흘러서 그의 옷깃까지 내림 같고……."(시 133:1~2)

당신은 등진 사람보다 더 많은 복을 받았다

당신은 이미 하나님께 많은 복을 받지 않았습니까?

그러므로 하나님의 용서와 자비의 마음으로 다른 사람들을 너그럽게 대하며 품어야 합니다. 예수님은 "너희 아버지의 자비하심 같이 너희도 자비하라"(눅 6:36)고 하셨습니다.

1884년 영국의 북장로교회 선교사로 임명되어 이듬해 아펜젤러(H. G. Appenzeller) 목사님과 함께 우리나라에 왔던 언더우드(Horace Grant Underwood)선교사님은 이런 글을 남겼습니다.

누군가는 지금 이렇게 기도합니다.
"제가 걸을 수만 있다면

더 큰 복은 바라지 않겠습니다."

누군가는 지금 이렇게 기도합니다.
"제가 설 수만 있다면
더 큰 복은 바라지 않겠습니다."

누군가는 지금 이렇게 기도합니다.
"제가 들을 수만 있다면
더 큰 복은 바라지 않겠습니다."

누군가는 지금 이렇게 기도합니다.
"말할 수만 있다면
더 큰 복은 바라지 않겠습니다."

누군가는 지금 그렇게 기도합니다.
"볼 수만 있다면
더 큰 복은 바라지 않겠습니다."

누군가는 지금 이렇게 기도합니다.
"살 수만 있다면
더 큰 복은 바라지 않겠습니다."

놀랍게도 누군가의 간절한 소원을
나는 다 이루고 살았습니다.

놀랍게도 누군가에게 간절한 기적이
내게는 날마다 일어나고 있었습니다.

그러므로
남들보다
더 큰 부자가 되지 못해도

빼어난 외모가 아니어도
지혜롭지 못해도
내 삶에 날마다 감사하겠습니다.

날마다 누군가의
소원을 이루고
날마다 기적이 일어나는
나의 하루를
나의 삶을
사랑하겠습니다.
사랑합니다.
내 삶, 내 인생, 나…….

어떻게 해야 행복해지는지
고민하지 않겠습니다.
내가 얼마나 행복한 사람인지
날마다 깨닫겠습니다.

나의 하루는 기적입니다.
나는 행복한 사람입니다.
나는 행복한 사람입니다.

언더우드 선교사님은 복음을 전하는 자신을 손가락질하고 핍박한 조선의 백성들을 너그럽게 이해하고 용서하고 사랑했습니다.

당신은 이미 많은 복을 받았습니다. 50세, 60세가 되도록 결혼을 못하는 사람이 있는데 당신은 벌써 결혼했지 않습니까? 아브라함은 100세가 되어서야 아이를 낳았습니다. 이삭은 40세에 결혼해서 60세에 아이를 낳았습니다. 그런데 당신은 벌써 아이를 두세 명 낳아 잘 키우고 있지 않습니까? 야곱은 14년간 일했지만 빈손이었습니다. 그런데 당신은 당신의 집을 세우지 않았습니까? 요셉은 17세에 부모님과 헤어져 30세까지 13년간 고생했고 그 후에도 7년 풍년의 기간이 지나서야 아버지 야곱을 만났습니다. 20년간 가족과 생이별하고 혼자 살아야 했습니다. 모세는 광야에서 40년을 보냈습니다. 다윗은 사울의 창을 피해 아둘람 굴에서 숨어 지냈습니다. 당신보다 힘들게 산 사람들이 정말 많습니다.

99가지가 있어도 없는 것 한 가지에 초점을 맞추면 불행하지만 99가지가 없어도 있는 것 한 가지에 초점을 맞추면 행복합니다.

없는 것을 보며 불평하지 말고 있는 것을 보며 감사하십시오.

당신은 그들에 비해 이미 많은 복을 받았습니다. 하나님께 억만 번이나 감사해도 모자랄 정도입니다. 형제를 용서하십시오.

예수님은 믿음의 기도를 할 때에도 용서하라고 하셨습니다.

"그러므로 내가 너희에게 말하노니 무엇이든지 기도하고 구하는 것은 받은 줄로 믿으라. 그리하면 너희에게 그대로 되리라."

그 다음 구절이 무엇인지 자세히 읽어보십시오.

"……너희에게 그대로 되리라. 서서 기도할 때에 아무에게나 혐의가 있거든 용서하라. 그리하여야 하늘에 계신 너희 아버지께서도 너희 허물을 사하여 주시리라 하시니라."(막 11:24~25)

마운 마음을 품는 것은 가시를 품는 것과 같다

당신은 지금 누가 미워 죽을 지경입니까?

'눈에 가시 같은 사람'이라는 말이 있습니다. 가시가 눈에 박혀 있으면 얼마나 고통스러울까요? 당신의 눈에 가시를 빼십시오.

"그들이 너희에게 올무가 되며 덫이 되며 너희의 옆구리에 채찍이 되며 너희의 눈에 가시가 되어서……."(수 23:13)

사도 바울에게도 '육체에 가시'가 있었는데 자기를 대적하는 '마가 요한'이었습니다. 마가 요한 때문에 바나바와 심하게 다투고 갈라선 적이 있었지만 바울은 나중에 그를 용서하고 받아들였습니다. 마가 요한은 변화되어 〈마가복음〉을 기록했습니다.

당신이 미운 마음을 품고 있는 것은 당신의 가슴에 가시를 품고 있는 것과 같습니다. 가시를 품고 있으면 가시가 계속 가슴을 찌릅니다. 그러면 아파서 심한 고통을 느끼다가 쓰러집니다.

미운 사람을 용서하라는 것은 그 사람을 위한 것이 아닌 당신을 위한 것입니다. 당신이 그 가시로 인해 아파 죽는 것을 원치 않기 때문입니다. 그 사람은 당신에게 무슨 죄를 지었는지 전혀 모를 수도 있습니다. 사람들은 예수님께도 그렇게 큰 죄를 지었습니다. 예수님의 옷을 벗기고 십자가에 못 박고 침 뱉고 비웃고 구경했습니다. 하지만 예수님은 그들을 모두 용서하셨습니다.

"이에 예수께서 이르시되 '아버지, 저들을 사하여 주옵소서. 자기들이 하는 것을 알지 못함이니이다' 하시더라. 그들이 그의 옷을 나눠 제비 뽑을 새 백성은 서서 구경하는데 관리들은 비웃어 이르되……."(눅 23:34~35)

당신이 믿음의 기도를 통해 하나님께 모든 것을 다 받아 누린다고 할지라도 당신의 가슴에 가시가 박혀 있으면 소용없습니다.

당신은 그 가시로 인해 얼마 안 되어 쓰러지고 말 것입니다.

사람이 온 천하를 다 가져도 가슴이 아프면 무슨 소용 있습니까? 가슴이 시커멓게 멍들면 얼마 못 살고 쓰러져 죽습니다.

"그 사람 때문에 내 가슴이 이렇게 멍들었어요."

아닙니다. 당신이 용서하지 않기 때문에 멍든 것입니다.

그 사람은 그 사람의 인생일 뿐입니다. 당신의 인생이 먼저 건강을 회복하고 행복하게 살아야 합니다. 그래서 하나님은 당신에게 그 사람을 용서하고 미운 마음을 뽑아내라고 하시는 겁니다.

"아무에게나 혐의가 있거든 용서하라. 그리하여야 하늘에 계신 너희 아버지께서도 너희 허물을 사하여 주시리라."(막 11:25)

용서는 느낌이나 감정으로 하는 것이 아닙니다. 용서는 믿음으로 하는 것입니다. 도무지 그 사람이 받아들여지지 않고 이해되지 않아도 "용서했음, 감사합니다"라고 말하십시오.

이것을 '믿음의 용서'라고 일컫습니다.

사람에게 묻지 말고 성령님의 코치를 받으라

당신은 등진 사람에 대해 누구의 코치를 받고 있습니까?

부모 자녀 형제 친척 친구 등 사람의 코치를 받지 말고 예수님의 코치를 받으십시오. 주위 사람들은 온갖 인간적인 방법으로 문제를 해결하라고 자신의 지식과 경험, 철학으로 코치합니다.

"이혼해. 미련하게 왜 그런 사람과 살고 있느냐?"

"부모님께 일러바치고 부모님을 통해 문제를 해결해라."

그들은 불난 집에 기름을 붓고 부채질을 합니다. 사람의 말을 듣지 말고 "성령님, 어떻게 할까요?"라고 묻고 성령님의 음성에 귀를 기울이십시오. 성령님을 삶의 현장에 존중히 모시오.

"너는 마음을 다하여 여호와를 신뢰하고 네 명철을 의지하지 말라. 너는 범사에 그를 인정하라. 그리하면 네 길을 지도하시리라. 스스로 지혜롭게 여기지 말지어다. 여호와를 경외하며 악을 떠날지어다. 이것이 네 몸에 양약이 되어 네 골수를 윤택하게 하리라."(잠 3:5~8)

미움이란 불을 품으면 당신의 옷이 다 탄다

역사상 가장 위대한 코치는 예수님이십니다.

그분은 자신을 따르는 사람들이 행복하게 살게 하려고 많은 코치를 하셨는데 그 중에 '용서'가 매우 큰 비중을 차지합니다.

"너희의 삶에 풍성한 열매를 맺으려면 하나님께로부터 공급받는 생명의 수액이 막힘없이 흘러넘쳐야 한다. 믿음의 세계에서는 그 수액의 흐름을 막는 것이 큰 바위나 늙은 고목이 아니다. 수천 갈래로 뻗어 나가는 잔뿌리도 아닌 너희의 마음에 있는 형제에 대한 미운 마음이다. 등진 형제를 용서해야 막힌 것이 뚫린다."

마음에 미움이 있으면 행복이 막힙니다. 그러면 하나님께로부터 오는 하늘의 모든 신령한 복과 땅의 기름진 복이 당신의 삶에 흘러 들어오지 못하게 됩니다. 미운 마음을 제거하십시오.

미운 마음은 불과 같습니다. 불을 가슴에 품고 있으면 어찌 그 옷이 타지 않겠습니까? "사람이 불을 품에 품고야 어찌 그 옷이 타지 아니하겠으며 사람이 숯불을 밟고야 어찌 그 발이 데지 아니하겠느냐?"(잠 6:27~28) 미운 마음을 불처럼 품고 있으면 자신의 재산과 가족을 다 태웁니다. 자신의 몸과 마음을 태웁니다.

미운 마음은 1초도 품고 있지 말아야 합니다.

사랑하기에도 바쁜 세상에 왜 미워하고 등집니까?

우리 인생은 수많은 만남을 통해 관계를 맺고 있습니다.

그 많은 사람들을 만나면서 사소한 감정으로 말미암은 미움이 관계를 끊고 서로 등지게 합니다. 왜 그런 미움이 생길까요?

사람들의 죄와 악의, 허물과 실수, 잘못된 지식과 습관 등 여러 가지 이유가 있을 것입니다. 사람에게는 실수하는 일이 전혀 없을 수는 없습니다. 주님께서도 그것을 인정하셨습니다.

"사람을 실족케 하는 일이 없을 수는 없다. 사람은 누구나 허물이 있기 마련이고 때론 서로 잘못하고 죄를 짓고 악을 행하기도 한다. 그것이 문제가 아니다. 용서하지 못하는 너의 마음이 문제다. 사실 너도 그렇게 한 적이 많다. 남의 눈에 있는 티만 보지 말고 네 눈에 있는 들보를 보아라. 네가 더 많은 실수를 했다."

가까운 사람이 당신을 악하게 대했습니까? 당신을 놀리고 조롱하고 무시했습니까? 당신도 그런 적이 많다는 사실을 인정해야 합니다. 그러면 형제를 너그럽게 용서할 수 있습니다. 나도 가끔 문제가 생기면 "나는 절대로 그런 적이 없어"라고 하는데 성령님께서는 "아니야, 너도 그런 적이 있어"라고 하셨습니다.

"어찌하여 형제의 눈 속에 있는 티는 보고 네 눈 속에 있는 들보는 깨닫지 못하느냐?"(마 7:3)

미움 때문에 힘들어하는 당신에게 성령님이 말씀하십니다.

"너도 그런 적이 있다. 그 사람을 너그럽게 용서해라."

하나님은 한없는 사랑으로 당신의 억만 가지 죄를 다 용서하셨습니다. 그런 엄청난 용서를 받은 당신이 주위 사람들을 몇 가지 허물을 용서하지 못할 때 어떻게 될까요? 하나님의 은혜가 당신의 삶에 역사하여 풍성한 열매를 맺는 것을 막아 버립니다.

[그때 베드로가 예수님께 와서 "주님, 형제가 내게 죄를 지었을 때 몇 번이나 용서해야 합니까? 일곱 번까지면 되겠습니까?" 하고 묻자 예수님은 이렇게 말씀하셨다. "일곱 번만 아니라 일흔 번씩 일곱 번이라도 용서하여라. 그러므로 하늘나라는 종들과 계산을 하려는 왕과 같다. 계산을 시작하자 10,000달란트 빚진 한 종이 왕 앞에 끌려왔다. 그 종은 빚을 갚을 돈이 없으므로 왕이 종에게 그와 아내와 자식들과 그가 가진 것 전부를 팔아서 빚을 갚으라고 명령하였다. 그러자 종은 왕에게 엎드려 '조금만 참아 주십시오. 그러면 다 갚아드리겠습니다' 하고 간청하였다. 그래서 왕은 그를 불쌍히 여겨 빚을 모두 면제해 주고 놓아 주었다. 그러나 그 종은 나가 자기에게 100데나리온 빚진 동료를 만나 멱살을 잡고 '당장 내 돈을 내놔!' 하면서 재촉하였다. 그 동료는 엎드려 '조금만 참아 주게. 반드시 갚겠네' 하

고 간청하였다. 그러나 그 종은 그 사람의 간청을 들어주지 않고 빚을 다 갚을 때까지 그를 감옥에 가둬 버렸다. 다른 종들이 그가 하는 짓을 보고 몹시 마음이 아파 왕에게 가서 모두 일러바쳤다. 그래서 왕이 그 종을 불러 말하였다. '네 이놈, 네가 간청하기에 모든 빚을 면제해 주지 않았느냐? 그렇다면 내가 너를 불쌍히 여긴 것처럼 너도 네 동료를 불쌍히 여기는 것이 마땅하지 않느냐?' 그리고서 왕은 화를 내며 빚을 다 갚을 때까지 그 종을 가두어 두었다. 너희가 전심으로 형제를 용서하지 않으면 하늘에 계신 내 아버지께서도 너희에게 그와 같이 하실 것이다."(마 18:21~35, 현대인의 성경)]

그리스도 안에 있는 사람은 모두 의인이다

당신은 지금 누구를 탓하며 정죄하고 있습니까?

"내 인생이 이렇게 비참해진 것은 부모님 때문이야, 형제 때문이야, 남편 때문이야, 자녀 때문이야, 친구 때문이야. 그 사람만 아니었다면 내 인생이 이렇게 힘들어지지는 않았을 거야."

과연 당신의 인생에 열매가 없는 것이 다른 사람 때문일까요?

하루는 예수님께서 예루살렘에 이르러 성전에 들어가 모든 것을 둘러 보셨습니다. 때가 이미 저물었습니다. 예수님은 열 두 제자를 데리시고 베다니에 나가셨습니다. 이튿날 저희가 베다니에서 나왔을 때에 예수님께서 시장하셨습니다.

예수님은 멀리서 잎사귀 있는 한 무화과나무를 보시고 혹 그

나무에 무엇이 있을까 하여 가셨습니다. 가서 보신즉 잎사귀 외에 아무 것도 없었습니다. 이는 무화과의 때가 아니었기 때문입니다. 예수님께서 나무에게 이렇게 말씀하셨습니다.

"이제부터 영원토록 사람이 네게서 열매를 따 먹지 못하리라."

제자들이 그 말을 들었습니다. 여기서 열매 맺지 못하는 무화과나무는 이스라엘 백성들을 상징합니다. 또는 율법주의에 매여 있는 종교 지도자, 곧 서기관, 바리새인, 제사장들을 의미하기도 합니다. 그들은 잎사귀는 무성했지만 열매가 없었습니다. 당신도 잎사귀는 무성하지만 열매가 없는 바리새인과 같지 않습니까?

바리새인은 하나님 앞에 나와 당당하게 서서 기도했습니다.

"하나님, 저는 하나님 앞에서 완벽한 삶을 살고 있습니다. 저는 일주일에 두 번씩 금식하고 소득의 십일조를 정확히 드리고 한 번도 간음하지 않았고 도둑질도 하지 않았습니다."

그는 자기 뒤에 와서 기도하는 세리를 보며 손가락질했습니다.

"제가 저 세리와 같지 않음을 인하여 감사합니다. 저 세리는 하나님께서 용서할 수 없는 사람이고 저도 저런 사람을 용서할 수 없습니다. 하나님은 절대로 저런 사람을 받아들여서는 안 됩니다. 저도 결코 받아들일 수 없습니다. 어쨌든 제가 저 세리와 같지 않음을 인하여 감사드립니다. 저는 의로운 사람입니다."

그는 겉으로 보기에 대단한 사람이었습니다. 경건의 모양이 있었고 종교적으로 모든 것을 갖추었습니다. 하나님께서 말씀하신 율법의 조항들을 하나도 빠짐없이 다 지키고 있었습니다. 그러나 그의 마음은 바위처럼 단단하게 굳어져 있었습니다. 가시와 엉겅

퀴가 나서 그의 마음을 온통 뒤덮고 있었습니다.

그에 비해 세리는 완벽하게 율법을 지키지 못했고 실수와 허물과 죄가 컸습니다. 세리는 하나님 앞에 나와서 얼굴도 들지 못하고 서서 기도하지도 못하고 두 손을 들지도 못하고 바닥에 엎드려 울며 자비를 구하는 기도를 했습니다.

"하나님이여, 저는 죄인입니다. 저를 불쌍히 여기소서."

그가 더 의롭다 함을 얻고 돌아갔습니다. 이 사건은 무엇을 말합니까? 우리가 하나님 앞에 나올 때 날마다 "저는 죄인입니다"라고 고백해야 한다는 말입니까? 그렇지 않습니다. 우리가 예수를 구주로 믿는 순간, 과거와 현재와 미래의 모든 죄가 예수의 피로 씻음 받았고 성령으로 거듭나 하나님의 자녀가 되었으며 의인이 되었습니다. 중요한 것은 그 세리가 하나님께 나아올 때 자기 행위의 의를 내세우지 않고 자비를 구했다는 것입니다. 자기 행위를 의지해서 완벽하게 살려고 노력하는 사람은 하나님께 인정받지 못합니다. 하나님의 자비를 의지해서 믿음으로 사는 사람이 하나님께 인정받습니다. 당신은 어떤 삶을 살고 있습니까?

당신도 하나님의 자비가 필요하고 당신 주위의 모든 사람도 하나님의 자비가 필요합니다. 그러므로 우리 모두는 예수님의 십자가 대속의 은혜를 믿음으로 죄를 사함 받고 의로워집니다. 그렇게 믿음으로 그리스도 안에 들어왔다면 의인이 되었고 결코 정죄함이 없습니다. 어떤 실수와 허물이 있어도 정죄하지 말고 "나도 그 사람도 의인이다"라고 믿어야 합니다. 그러면 등진 관계가 다 회복됩니다. "나는 죄인이야, 저 사람도 죄인이야"라고 하면 서로 등집니다. 죄인이 어떻게 서로 얼굴을 떳떳하게 내밀고 만나겠습니까? "나는 의인이야, 저 사람도 의인이야"라고 할 때 화목합니다. 의인은 서로 얼굴을 떳떳하게 내밀고 만나기 때문입니다.

"그러므로 이제 그리스도 예수 안에 있는 자에게는 결코 정죄함이 없나니 이는 그리스도 예수 안에 있는 생명의 성령의 법이 죄와 사망의 법에서 너를 해방하였음이라."(롬 8:1~2)

당신이 등진 사람은 모두 죄인일 것입니다. 당신이 보기에 용서할 수 없는 죄를 지었을 것입니다. 그건 당신의 기준입니다.

그 '죄인 리스트'를 '의인 리스트'로 바꾸십시오.

예를 들면 핸드폰 이름 목록에서 이렇게 바꾸면 됩니다.

'김열방 의인'

'김사라 의인'

이름 뒤에 '의인'이라는 단어를 써넣으십시오. 그 사람이 의인이라면 등질 이유가 없고 만나지 못할 이유가 없습니다.

"악인은 쫓아오는 자가 없어도 도망하나 의인은 사자 같이 담대하니라."(잠 28:1)

당신 안에 계신 하나님은 용서의 하나님이다

하나님은 어떤 분이십니까? 용서의 하나님이십니다.

하나님은 긍휼이 많으시고 자비와 사랑이 한이 없으신 분입니다. 하나님은 거룩하고 완전하신 분입니다. 우리는 이런 하나님에 대해 잘 알고 있습니다. 그런데 그 모든 하나님의 속성이 '용서'라는 은혜의 방편을 통해 우리에게 주어진다는 것을 알아야 합니다. 아무리 하나님이 사랑이 많은들, 긍휼과 자비가 많은들, 용서를 통해 사람들에게 은혜가 전달되지 않으면 소용없습니다.

용서가 없다면 그것은 하나님 자신만을 위한 것이지 죄짓고 연약한 사람들에게는 아무런 유익이나 해결책을 줄 수 없기 때문입니다. 하나님의 모든 선한 속성은 사람들에게 전달되어질 때만 유효합니다. 그 방법은 오직 '용서'를 통해서만 가능합니다.

"하나님은 용서의 하나님이다."

아담과 하와가 죄를 지었습니다. 하나님은 그들을 용서하셨습니다. 그리고 용서했다는 의미로 가죽옷을 지어 입히셨습니다.

"내가 너희를 용서했다. 나는 너희들을 받아들였다. 너희들은 나를 믿지 않고 배신하고 내 말을 어겼다. 사탄과 교제를 나누고 죄를 지었다. 하지만 나는 너희들을 용서한다. 그리고 그러한 죄의 값은 사망인데 내가 그것을 어린 양을 통해 다 지불하겠다."

하나님은 그분의 어린 양 예수 그리스도를 상징하는 한 짐승을 잡아 피를 쏟고 살을 찢었습니다. 하나님은 용서의 하나님이십니다. 성경 전체가 예수 그리스도 복음에 대해 이야기하고 있는데 그 복음은 용서를 통해 사람들에게 펼쳐집니다.

예수님이 십자가에서 아무리 피와 땀과 눈물을 흘리며 값을 완벽하게 다 지불하고 모든 것을 다 이루었다 할지라도 그것이 적용되어지는 것은 용서를 통해서입니다. 우리가 예수를 믿을 때 하나님은 우리의 죄를 용서하십니다. 우리의 허물을 용서하십니다.

우리는 자신이 그리스도 안에서 모든 죄를 용서 받은 의인이 되었음을 믿어야 합니다. 용서받은 사람은 당연히 주위 사람들을 용서해야 합니다. 하나님께서 과연 당신에게 이렇게 말씀하실까요?

"내가 너를 용서했으니 그것으로도 충분하다. 너는 원수를 갚고 너를 힘들게 한 사람들을 찾아가 다 죽여 버려라."

그것은 하나님의 뜻이 아닙니다. 하나님의 뜻은 무엇일까요?

"내가 너를 용서한 것은 네가 용서의 통로가 되어 네 주위에 있는 모든 사람에게 나의 용서가 흘러가게 하기 위함이다. 너는 왕 같은 제사장이다. 나는 네 인생에 용서의 열매가 100배, 60배, 30배로 맺히기를 원한다. 너는 형제를 용서하라. 하루에 일흔 번에 일곱 번이라도 용서하라. 형제의 허물을 자꾸 말하지 마라."

형제의 허물을 거듭 말하는 자는 이간하는 자입니다.

"허물을 덮어 주는 자는 사랑을 구하는 자요 그것을 거듭 말하는 자는 친한 벗을 이간하는 자니라."(잠 17:9)

친한 벗을 이간하는 것은 쉽습니다. 당신이 어떤 사람에 대해 좋은 감정을 갖고 있는데 누군가 당신에게 와서 그의 허물을 말하면 그에 대해 안 좋은 감정이 생기고 그 순간부터 등지게 됩니다.

"내가 얼마 전에 그 사람의 허물에 대해 들어서 알고 있어. 이건 비밀인데 너에게만 말하는 거야. 너만 알고 있고 다른 사람에게는 절대로 말하면 안 돼. 그 사람이 이런 말과 행동을 했어."

그런 말은 내게 하지 말라고 그 자리에서 부탁하십시오.

"그런 말은 내게 하지 마세요. 나는 그 사람에 대해 좋은 감정을 갖고 있는데 그 말을 듣는 순간부터 원수처럼 등지게 돼요."

그런 사람은 다툼을 일으키고 친한 벗을 이간하는 말쟁이입니다. "패역한 자는 다툼을 일으키고 말쟁이는 친한 벗을 이간하느니라."(잠 16:28) 당신도 다툼을 일으키고 친한 벗을 이간하지 않습니까? 제발 부탁합니다. 이제 그만 하고 멈추십시오.

"허물을 덮어 주는 자는 사랑을 구하는 자요"라고 했습니다. 허물을 보는 순간 그 자리에서 덮어 주어야 합니다. 노아가 벌거벗고 하체를 드러낸 것을 보고 거듭 말한 아들이 있었고 허물을 덮어 준 아들이 있었습니다. 당신은 어떤 사람이 되겠습니까?

첫째, "이 사람은 죄인이야, 허물을 거듭 말해야 돼."

둘째, "이 사람은 의인이야, 허물을 덮어 주어야 돼."

두 번째 사람이 되십시오. 두루 다니며 한담하는 자가 되지 말고 그런 사람과는 사귀지도 마십시오. "두루 다니며 한담하는 자는 남의 비밀을 누설하나니 입술을 벌린 자를 사귀지 말지니라"(잠 20:19)고 했습니다. 노아는 의인이었습니다. 그가 포도주를 마시고 취해서 벌거벗고 누웠다 할지라도 의인입니다. 노아 시대에는 율법이 없었고 노아는 믿음으로 말미암은 의인이었습니다.

"이것이 노아의 족보니라. 노아는 의인이요 당대에 완전한 자라. 그는 하나님과 동행하였으며……."(창 6:9)

이 말은 '율법적으로 완벽한 사람'이라는 말이 아닙니다. 하나님을 완전히 믿은 사람이라는 말입니다. 노아는 하나님을 완전히 믿었고 하나님은 그 믿음을 의롭다고 여기셨습니다.

노아는 믿음으로 하나님과 동행했습니다.

"그러나 노아는 여호와께 은혜를 입었더라."(창 6:8)

노아는 '믿음을 따르는 의의 상속자'였습니다.

"믿음이 없이는 하나님을 기쁘시게 하지 못하나니 하나님께 나아가는 자는 반드시 그가 계신 것과 또한 그가 자기를 찾는 자들에게 상 주시는 이심을 믿어야 할지니라. 믿음으로 노아는 아직 보이지 않는 일에 경고하심을 받아 경외함으로 방주를 준비하여 그 집을 구원하였으니 이로 말미암아 세상을 정죄하고 '믿음을 따르는 의의 상속자'가 되었느니라."(히 11:6~7)

당신 자신이나 부모 자녀, 형제 친척 등 어떤 사람이라도 '믿음으로 말미암아 그리스도 안에 있으면' 정죄하지 말아야 합니다. 정죄하면 등지게 되고 원수가 됩니다. 서먹서먹해지고 관계가 끊어집니다. 다른 사람을 정죄한다는 것은 "나는 행위가 완벽한 의인이지만 너는 실수하고 허물이 있는 죄인이다"라는 뜻입니다.

우리는 모두 완벽하지 않습니다. 지금 완벽하다고 해도 어느 날 자신도 모르게 실수할 수 있습니다. 그러므로 겉으로 드러난 행위를 보고 사람을 정죄하고 판단하고 심판하지 말아야 합니다.

심판은 예수님이 하십니다. "아버지께서 아무도 심판하지 아니하시고 심판을 다 아들에게 맡기셨으니."(요 5:22)

예수님이 이 땅에 오신 순간부터 하나님 아버지는 아무도 심판하지 않기로 결심하셨습니다. 그 심판을 다 아들 예수에게 맡기셨기 때문입니다. 아들 예수님은 어떻게 심판하십니까? 예수님은 심판하러 오신 분이 아닙니다. 죄인들을 대신하여 심판 받으러 오신 분입니다. 예수님은 우리 대신 정죄와 심판을 받으셨습니다.

"사람이 내 말을 듣고 지키지 아니할지라도 내가 그를 심판하

지 아니하노라. 내가 온 것은 세상을 심판하려 함이 아니요 세상을 구원하려 함이로라."(요 12:47)

당신도 어떤 사람이 당신의 기준에 맞지 않더라도, 그 사람이 실수하고 허물이 있더라도 심판하지 마십시오. 그를 이해하고 용서하고 구원하십시오. "그 사람도 예수님을 믿음으로 말미암아 모든 죄를 사함 받은 의인이다"라는 너그러운 마음을 가지십시오.

하나님은 "억만 가지 죄를 지은 네가 예수를 믿음으로 말미암아 용서받고 자유를 얻고 행복해진 것처럼 모든 사람이 너를 통해 용서 받고 자유를 얻고 행복해지기를 원한다. 내가 너를 용서한 것처럼 너도 형제를 용서하라. 심판하지 마라"고 말씀하십니다.

용서하지 않는 사람은 종교인에 불과하다

당신이 용서하지 않은 사람은 누굽니까?
부모입니까? 남편입니까? 친척입니까? 직장 상사입니까?
사람이 용서하지 못할 때 열매 없는 무화과나무와 같습니다.
잎사귀만 무성한 종교인이 됩니다. 성경책을 끼고 교회를 들락거리며 찬송을 멋지게 하고 봉사와 헌신을 한다 할지라도 형제와의 관계에서 미움이 가득해서 등진다면 다 소용없습니다.
예수님과 제자들이 예루살렘에 들어갔습니다.
예수님은 성전에 들어가셔서 성전 안에서 매매하는 자들을 내어 쫓으셨습니다. 돈 바꾸는 자들의 상과 비둘기파는 자들의 의

자를 둘러 엎으셨습니다. 그들은 하나님께 믿음으로 나아가 값없이 용서받는다는 은혜의 복음을 가르치지 않고, 하나님께 나아가기 위해서는 온갖 성물을 매매해야 한다고 가르쳤던 것입니다.

"너희가 가져온 돈은 손때 묻은 더러운 거야. 여기에 있는 깨끗한 걸로 바꿔 드려야 하나님이 받으셔. 너희가 가져온 비둘기는 흙이 묻었어. 깨끗한 비둘기로 바꿔야만 하나님이 받으셔. 양과 송아지를 가져왔지만 그런 흠집 난 것을 드리면 안 돼. 하나님께 깨끗한 것을 드려야 돼. 여기서 파는 것으로 바꿔."

하나님은 은혜로 용서하시는 분이신데, 그들은 하나님의 용서를 돈 주고 사야 한다는 식으로 잘못 가르쳤던 것입니다.

예수님은 아무나 기구를 가지고 성전 안으로 지나다님을 허락지 않으셨습니다. 예수님은 채찍을 휘둘렀고 의자와 상을 뒤엎었습니다. 그리고 사람들에게 은혜의 복음을 가르치셨습니다.

"너희들이 교회에 나와 예배하며 찬송과 기도, 헌물을 드린다고 해서 그것으로 하나님의 마음이 흡족할 것이라고 생각한다면 큰 착각이다. 하나님은 송아지와 염소의 피를 기뻐하지 않고 금과 은을 기뻐하지도 않으신다. 천하 만물이 다 여호와의 것인데 너희들이 무엇을 드려 하나님께 갚으심을 받겠느냐? 너희들이 하나님께 나아올 때 긍휼과 자비의 마음을 함께 가지고 오라."

그러면 누구에 대한 긍휼과 자비의 마음일까요?

하나님께 대한 불쌍한 마음입니까? 하나님을 용서하는 마음입니까? 그렇지 않습니다. 하나님은 불쌍한 분이 아니며 용서 받을 만한 죄를 짓지도 않으셨습니다. 그것은 이웃에 대한 긍휼과 자비의 마음을 말씀하신 것입니다. 하나님이 말씀하십니다.

"주위의 형제들을 네 마음에서 용서하라. 너희들이 예수를 믿는 믿음으로 내게 나아오는 순간 너희들의 죄는 다 용서받았다. 그렇다면 이웃을 긍휼히 여기고 그들에게 자비를 베풀어라."

긍휼을 베푼다는 것은 '불쌍히 여기는 것'을 말합니다. 허물이 있는 사람을 냉정하게 대하지 말고 불쌍하게 여겨야 합니다.

자비를 베푼다는 것은 '당연히 죄에 대한 심판을 받고 매를 맞아야 하는데 그 모든 형벌을 면해 주는 것'을 말합니다. 당신이 받을 형벌에 대한 값을 누가 지불했습니까? 예수님이 징계를 받으므로 피와 땀과 눈물을 흘리며 대신 다 지불하셨습니다.

"그가 곤욕과 심문을 당하고 끌려갔으니 그 세대 중에 누가 생각하기를 그가 산 자의 땅에서 끊어짐은 마땅히 형벌 받을 내 백성의 허물을 인함이라 하였으리요."(사 53:8)

그러므로 당신은 더 이상 징계의 형벌을 받지 않습니다.

하나님은 당신이 당신 대신 징계의 형벌을 받으신 예수님의 은혜를 믿는 믿음으로 그분께 나아오기를 원하십니다.

"그가 징계를 받음으로 우리가 평화를 누리고……."(사 53:5)

당신이 성전에 갈 때, 기구나 돈이나 비둘기를 하나님께 가지고 나가야 받아들여진다고 생각하면 큰 오해를 하고 있는 것입니다. 하나님은 당신의 마음을 받으십니다. 믿음을 받으십니다.

그러므로 자신에 대해 이렇게 믿고 말해야 합니다.

"나는 그리스도로 말미암아 하나님께 용서받은 의인이다."

하나님께 나아갈 때의 마음 자세는 다음과 같아야 합니다.

"사랑의 하나님, 저는 억만 가지 죄악을 예수 그리스도의 보혈로 다 씻음 받고 죄 사함을 받았습니다. 그 은혜에 감사하여 제가 예배하고 찬양합니다. 그 은혜에 감사하여 예물을 드리고 봉사하고 전도합니다. 저는 행복합니다. 제 마음을 받아 주세요."

이렇게 행복한 마음으로 예배하는 것을 하나님이 기뻐하십니다. 믿음으로 말미암아 의롭다 함을 얻은 사람은 행복합니다.

[그러면 우리 조상 아브라함에 대해서는 어떤 결론을 내릴 수 있습니까? 만일 아브라함이 행위로 의롭다는 인정을 받았다면 자랑할 것이 있었을 것입니다. 그러나 사실 그에게는 하나님 앞에서 자랑할 것이 아무것도 없었습니다. 성경에는 "아브라함이 하나님을 믿었으므로 하나님은 이 믿음 때문에 그를 의롭게 여기셨다"고 기록되어 있습니다. 일해서 받는 삯은 정당한 댓가이지 선물로 거저 받는 것이 아닙니다. 그러나 아무 공로가 없어도 경건치 않은 사람을 의롭다고 하시는 하나님을 믿는 사람에게는 그의 믿음이 의로운 것으로 인정을 받습니다. 이처럼 공로가 없어도 하나님이 의롭다고 인정해 주는 사람의 행복에 대해서 다윗은 이렇게 말하고 있습니다. "잘못을 용서 받고 하나님이 죄를 덮어 주신 사람은 행복하다! 주께서 그 죄를 인정하지 않는 사람도 행복하다."(롬 4:1~8) 현대인의 성경]

당신도 하나님께 잘못을 용서 받았습니다. 하나님이 당신의 죄를 덮어 주셨습니다. 그러므로 당신은 행복한 사람이 되었습니다.
이제 당신도 형제의 잘못을 용서하고 죄를 덮어 주십시오.

그렇다고 매일 "그 형제를 용서합니다"라고 울며 기도해야 하는 것은 아닙니다. "그 형제를 용서했습니다"라고 한 번 기도했으면 받은 줄로 믿어야 합니다. 용서는 감정이 아닌 믿음으로 하는 것입니다. 이것을 '믿음의 용서'라고 합니다. 우리는 '믿음의 용서, 믿음의 꿈, 믿음의 기도'를 해야 합니다. 하나님이 기뻐하시는 것은 말을 많이 하며 비는 것이 아닌 믿음입니다.

"또 기도할 때에 이방인과 같이 중언부언하지 말라. 그들은 말을 많이 하여야 들으실 줄 생각하느니라."(마 6:7)

비는 기도를 하지 말고 믿음의 기도를 하라

당신은 매일 애원하며 비는 '소망의 기도'를 합니까?

아니면 한 번 기도하고 구한 것을 받았다고 믿고 감사하는 '믿음의 기도'를 하십니까? 하나님은 밤낮 울며 비는 것이 아닌 믿음의 기도를 기뻐하십니다. 당신도 당신의 자녀에게도 그렇겠지요.

"애야, 엄마한테 한 번 말했으면 받았다고 믿고 기다려."

아이가 밤낮 울며 징징대는 것을 보기 좋아하는 엄마는 없습니다. 아이가 밝게 웃으며 "엄마, 이거 필요해요. 좀 부탁해요"라고 한마디만 하고 행복하게 지내면 엄마가 알아서 챙겨 줍니다.

"그러므로 그들을 본받지 말라 구하기 전에 너희에게 있어야 할 것을 하나님 너희 아버지께서 아시느니라."(마 6:8)

예루살렘 성전 안에서 예수님께서 사람들에게 가르친 내용의 핵심 주제는 '믿음의 기도'였습니다. 그분이 말씀하셨습니다.

"기록된바 내 집은 만민의 기도하는 집이라 칭함을 받으리라고 하지 아니하였느냐? 너희는 강도의 굴혈을 만들었도다."

"기도하는 집"이란 말은 '하나님과 인격적으로 사귀며 대화하는 장소'를 의미합니다. 지금은 솔로몬 성전이 아닌 우리 몸이 하나님의 성전이 되었습니다. 하나님은 친구이자 애인입니다.

"너희는 너희가 하나님의 성전인 것과 하나님의 성령이 너희 안에 계시는 것을 알지 못하느냐?"(고전 3:16)

하나님께 나아가는 사람은 자기 의를 내세우면 안 됩니다.

"내가 이 정도의 값을 지불하면 의로워질 수 있어."

그러면서 자기의 땀과 피와 눈물을 흘리는 사람이 있습니다. 이것은 교만입니다. "내가 완벽하게 살면 하나님이 받아 주실 거야." 아닙니다. 하나님은 율법적으로 완벽한 사람을 찾지 않습니다. 하나님을 완전히 믿는 믿음을 가진 사람을 찾으십니다.

겸손한 사람은 "하나님, 저를 용서하소서. 저를 불쌍히 여기소서. 제 마음의 소원을 이루어 주소서"라며 하나님께 도움을 구하러 나아갑니다. 어느 누구도 하나님께 나아갈 때 자기 의를 내세우며 자랑할 수 없습니다. 하나님의 은혜와 긍휼과 자비를 구해야 합니다. 하나님은 모든 것을 은혜로 거저 주시는 분입니다.

"은혜의 복음, 그런 게 어디 있어? 예수를 믿기만 하면 된다고? 말도 안 돼. 그렇다면 그동안 우리가 쌓은 공력은 뭐야?"

대제사장들과 서기관들이 예수님의 가르침을 듣고 화가 나서 어떻게 예수님을 멸할까 하고 궁리하기 시작했습니다. "대제사장들과 서기관들이 듣고 예수를 어떻게 멸할까 하고 꾀하니……."

그들이 볼 때 예수님은 완전히 이단이었습니다.

"저 예수란 작자는 제사장의 반열에 속하지 않았다."

"저 예수는 서기관처럼 성경을 베껴 쓰거나 외우지도 않는다."

"저 예수는 율법을 많이 어기고 있다. 안식일에도 병자를 고치는 일을 한다. 하나님을 모독하는 일을 많이 한다."

예수님은 진리에 따라 하나님 아버지께서 보여주신 것을 말하고 그분이 들려주신 것만 행했습니다. 그런데 제사장들과 서기관들은 이를 뿌드득뿌드득 갈면서 예수를 멸하려고 작정했던 것입니다. 그들의 마음에는 조금도 용서하려는 마음이 없었습니다.

율법주의 마인드 때문입니다. 율법에는 용서가 없습니다.

당신의 마음에 은혜의 마음 곧 용서하는 마음이 없다면 하나님이 당신에게 찾아오셔도 그분조차 죽여 버리겠다는 악독을 품게 됩니다. 사람이 과연 하나님께 그런 악독을 품을 수 있을까요?

오늘날 교회를 다니는 사람들 중에 하나님을 용서하지 못하는 사람들이 많습니다. 예수를 믿지 않는 사람들만 하늘을 향해 주먹을 휘두르며 "하나님이 어디 계시냐? 계신다면 내게 나타나 보라!"고 외치는 것이 아닙니다. 예수 믿는 사람들 중에도 "내가 기도했는데 왜 내가 기도한 대로 응답하지 않는 거야? 내가 원하는 대로 움직여 주지 않는 하나님, 그런 하나님을 나는 용서할 수 없어"라며 하나님께 대한 원망과 분노의 마음을 갖고 있는 사람들이 많습니다. 욥도 그런 적이 있었습니다. "욥이 대답하여 가로되 내가 오늘도 혹독히 원망하니……."(욥 23:1)

욥은 하나님께 대해 섭섭한 마음을 가졌습니다.

"내 눈은 하나님을 향하여 눈물을 흘리고……."(욥 16:20)

당신의 마음에도 하나님을 향한 섭섭한 생각이 없습니까?

'하나님이 내게 이럴 수가 있나?'

하나님은 욥에게 모든 복을 풍성히 주셨습니다. 그래도 욥이 자기 뜻대로 경영이 되지 않고 힘들어지자 혹독히 원망했습니다.

당신도 아무리 하나님처럼 주위 사람에게 모든 것을 잘해 줘도 그들이 당신을 원망할 수 있습니다. 그들에게 있는 거 없는 거 다 퍼 준다고 그들이 당신에게 감사할 거라고 생각하지 마십시오.

성령님의 음성을 따라 꼭 필요한 것만 주십시오. 그래도 그들의 잔이 넘칩니다. 그들에게 인간적으로 인정받으려고 하지 마십시오. 그러면 그들에게 쩔쩔매는 사람의 종이 됩니다.

사람에게 쩔쩔매는 사람의 종이 되지 말고 오직 하나님의 종이 되어 하나님을 기쁘시게 하고 하나님의 음성을 따라 사십시오.

"너희는 값으로 사신 것이 되었으니 사람들의 종이 되지 말라."(고전 7:23)

억만 번이나 원망하지 말고 억만 번이나 감사하라

당신은 억만 번이나 감사하고 있습니까?

나는 한 번 기도하고 구한 것을 받았다고 믿고 억만 번이나 감사합니다. 밤낮 울면서 "언제 제 기도에 응답하실 건가요? 힘들어

죽겠어요"라고 원망하지 않습니다. 감사하고 또 감사합니다.

당신도 기도 제목에 대해 한 번만 구하십시오. 만약 똑같은 기도를 더 하고 싶으면 "주셔서 감사합니다. 받았음을 감사합니다"라고 감사하는 기도만 반복하십시오. 억만 번이나 감사하십시오.

"너희 구할 것을 감사함으로 아뢰라"(빌 4:6)고 했습니다. 받았다고 믿으면 감사할 일 밖에 없습니다. 하루 종일 감사하십시오.

"기도를 계속하고 기도에 감사함으로 깨어 있으라."(골 4:2)

어떤 일이 있어도 원망하지 말고 감사하십시오.

"감사함으로 그의 문에 들어가며 찬송함으로 그의 궁정에 들어가서 그에게 감사하며 그의 이름을 송축할지어다."(시 100:4)

하나님은 당신이 구한 것에 대해 어떻게든 응답하십니다.

최근에 무엇인가를 하나님께 구했는데 아직 응답 받지 못한 것이 있습니까? 그럴 때 여유를 가지고 기다리는 것이 옳다는 것은 누구나 다 알고 있습니다. 그러나 사람의 마음 한 구석에는 응답이 조금만 더뎌도 원망이 불쑥불쑥 솟아오릅니다. 그것이 조금 더 발전하면 하나님께 대한 미움의 마음으로 바뀌게 됩니다.

물론 그런 중에도 우리는 변함없이 하나님을 믿습니다.

하지만 기도 응답이 더디면 마음에 상처가 생깁니다.

"소망이 더디 이루어지면 그것이 마음을 상하게 하거니와 소원이 이루어지는 것은 곧 생명나무니라"(잠 3:12)고 했습니다.

급한 문제로 기도한 것을 응답 받지 못했을 때, 어떤 것을 예수 이름으로 명령했는데 금방 아무 일도 안 일어났을 때, 또는 주위 사람들에게 도움을 요청했지만 거절당했을 때 마음이 상합니다.

하나님께 너그러워지십시오. 조급하거나 다그치지 마십시오. 불안해하지 마십시오. 하나님의 지각이 당신보다 낫습니다.

이 말씀을 기억하십시오. "구하기 전에 너희에게 있어야 할 것을 하나님 너희 아버지께서 아시느니라."(마 6:8)

나는 남편 김열방 목사님과 산책하면서 "하나님은 내가 언제까지 얼마가 있어야 할지 정확하게 알고 계셔, 그러니 나는 염려하지 않아"라고 말합니다. 내가 염려한다고 키를 한 자나 더할 수 있습니까? 머리 터럭 하나 검게 할 수 있습니까? 못합니다.

"너희 중에 누가 염려함으로 그 키를 한 자라도 더할 수 있겠느냐? 또 너희가 어찌 의복을 위하여 염려하느냐? 들의 백합화가 어떻게 자라는가 생각하여 보라. 수고도 아니하고 길쌈도 아니하느니라. 그러나 내가 너희에게 말하노니 솔로몬의 모든 영광으로도 입은 것이 이 꽃 하나만 같지 못하였느니라. 오늘 있다가 내일 아궁이에 던져지는 들풀도 하나님이 이렇게 입히시거든 하물며 너희일까보냐 믿음이 작은 자들아, 그러므로 염려하여 이르기를 무엇을 먹을까 무엇을 마실까 무엇을 입을까 하지 말라. 이는 다 이방인들이 구하는 것이라 너희 하늘 아버지께서 이 모든 것이 너희에게 있어야 할 줄을 아시느니라."(마 6:27~32)

미움을 품고 있으면 몸에 병이 생긴다

당신의 몸에 병이 생겼는데 기도해도 낫지 않습니까?

미움을 품고 기도하면 병이 낫지 않습니다.

당신이 원하는 것에 늦게 반응한 하나님과 이웃을 너그러운 마음으로 용서한다고 하지만 마음에는 자신도 모르는 사이에 상처가 생깁니다. 그것을 내버려 두면 미움으로 발전하게 됩니다.

미움은 자신을 갉아먹는 산(酸, acid)과 같습니다. 미움은 자신을 죽이는 맹독이 됩니다. 예수를 믿는 사람에게 병이 자꾸 생기는 이유는 무엇일까요? 다름 아닌 '미워하는 마음' 때문입니다.

부모 형제를 미워하는 마음이 왜 생길까요?

자기가 갖고 있는 율법주의 기준 때문입니다. 그 숨 막히는 기준들을 다 내려놓아야 합니다. 사람들은 의아해 하며 묻습니다.

"예수를 믿는 제게 이런 미운 마음이 있다는 것이 이해가 안 됩니다. 예수 믿지 않는 사람들보다 미운 마음이 없어야 하지 않나요? 도대체 어떻게 하면 이런 미운 마음을 없앨 수 있나요?"

나는 그들에게 대답합니다.

"예수 믿지 않는 사람들은 기준이 많지 않은데 예수 믿는 사람들은 기준이 너무 많습니다. 그것 중에는 성경에서 정한 십계명이 아닌 자기 스스로 정한 수천 가지가 있습니다. 그 기준에 따라 사람들을 판단하고 정죄하고 심판합니다. 어떤 일을 할 때 높은 기준을 정해 놓고 그 일을 완벽하게 잘하려고 노력하는 것은 좋지만, 생활의 모든 영역에서 그렇게 많은 기준들을 정해 놓고 주위 사람들을 판단하고 정죄하고 심판하면 관계가 다 깨어집니다. 자기 기준에 조금이라도 맞지 않는 사람은 받아들일 수 없기 때문입니다. 결국 그것이 이웃에 대한 미움이나 자기 책망으로 자리 잡습니다. 자기가 정한 기준을 따라오지 못하는 사람들이 모두 미움의 대상이 된다면 그것은 서로에게 불행입니다. 십계명 이외에는 잡다한 기준들을 없애든지 아니면 최대한 기준을 낮추어야 합니다. 사람들이 내 곁에서 편안한 마음으로 쉬게 해야 합니다."

당신은 어떤 기준으로 형제를 판단하고 있습니까? 그런 기준을 좀 내려놓으면 안 됩니까? 음식물에 대한 규정이나 술과 담배도 건강을 위해 금하는 것이지 정죄할 이유는 안 됩니다. 그리스도 예수 안에 있는 자에게는 결코 정죄함이 없습니다. 정죄하지 말고 너그러운 마음을 가지십시오. 형제를 '의인'으로 대하십시오.

남편에 대해 너그러운 마음을 가져라

광주의 한 여자 목사님이 남편을 병으로 잃었습니다.
그녀는 먼저 하늘나라에 간 남편이 원망스럽다고 말했습니다.
나는 그분에게 원망하지 말고 감사하라고 말했습니다.
"결혼하지 못한 사람도 많은데 결혼한 것만도 감사하고, 아이를 낳지 못하는 사람도 많은데 아이를 둘이나 낳은 것도 감사하고, 결혼하고 1년도 함께 살지 못하는 사람이 많은데 50년이나 함께 살았으니 감사하세요. 그동안 누렸던 모든 복을 헤아리며 감사하세요. 그리고 육신의 남편, 작은 남편은 떠났지만 큰 남편이신 예수님은 여전히 함께 계시니 감사하세요. 마음을 다해 예수님을 사랑하세요. 예수님과 함께 더 큰 꿈을 가지세요."

먼저 죽어서 천국에 간 사람을 원망하면 뭐 합니까?

먼저 천국에 간 남편을 용서하십시오. 먼저 간 자녀와 친척 친구를 다 용서하십시오. 주님께서 지금 당신에게 말씀하십니다.

"원망하고 미워하면 너만 손해다. 사람을 등지면 너만 힘들다. 네가 어떤 사람과 등진 일이 있으면 그를 용서해라. 그래야 네 삶에 막힌 것이 뚫리고 네가 하는 모든 일이 형통할 것이다. 등진 사람을 용서하라는 것은 그 사람을 위해 하는 말이 아니라 너를 위해 하는 말이다. 나는 네가 건강하고 행복하길 원한다."

10년 전에 지방의 한 성도님이 내게 와서 말했습니다.

"저는 남편을 용서할 수 없습니다."

"왜요?"

"제 남편이 장로 투표에서 떨어졌습니다."

"안타깝네요. 그런데 무슨 일이 있나요?"

"저는 남편이 수십 년간 신앙생활 잘하고 교회에서 구역장으로 열심히 충성 봉사하고 헌신한 사람이어서 믿음이 좋은 줄로만 알았습니다. 남편은 입만 열면 하나님을 자랑할 정도였습니다. 늘 하나님께 감사하고 그분을 의지하던 남편인데 이번에 장로 투표에서 떨어지니까 한 달째 교회를 안 나가고 있습니다. 다른 교회도 안 나가고 예배 시간에 교회 주변 거리를 배회하다가 집에 돌아옵니다. 그동안 존경했던 남편에 대한 모든 기대감이 한순간에 무너졌습니다. 아이들도 남편을 힘들어 합니다. 그런 남편이 미워서 등을 돌리고 잡니다. 제 마음이 너무 고통스럽습니다."

내가 그분에게 진지하게 말했습니다.

"남편이 그렇게 행동할 수도 있습니다. 하나님께 대한 믿음은 그대로지만 교회는 사람들과의 만남을 피할 수 없기 때문에 한동안 마음을 추스르기 위해 힘들어하는 것입니다. 대학 시험에 떨어진 학생이 하나님을 믿는다고 하지만 그 마음에 낙심이 오는 것과 같습니다. 남편을 너그럽게 이해하고 용서하십시오."

"다른 사람은 몰라도 제 남편 만큼은 용서할 수 없습니다. 그렇게 나약한 남편을 이해하고 받아들인다는 것은 말이 안 됩니다."

"왜 당신의 남편은 용서가 안 된다는 것입니까?"

"남편이 하나님을 잘 믿고 있다는 신뢰가 무너졌기 때문입니다. 파도에 쓸린 모래성처럼 한순간에 다 내려앉았습니다."

나는 그분에게 생각을 바꾸라고 했습니다.

"아닙니다. 당신의 남편은 지금도 여전히 믿음이 좋습니다. 지금까지 믿어 왔던 하나님께 대한 믿음을 그대로 갖고 있습니다."

나는 그 부인에게 한 가지를 물었습니다.

"남편은 예수를 구주로 믿고 구원을 받았나요?"

"그럼요. 그 사실만큼은 확실합니다."

"그렇다면 남편 안에 하나님이 가득히 계시고 지금도 하나님이 남편을 인도하고 계신다는 사실을 믿으십시오. 그리스도 안에 있는 남편을 믿고 그리스도 안에 있는 자신을 믿으십시오. 당신 자신과 남편을 정죄하지 마세요. 당신도 남편도 의인입니다. 그리스도 예수 안에 있는 자에게는 결코 정죄함이 없습니다."

그분이 내게 물었습니다.

"그동안 괜찮았는데 왜 갑자기 제 남편이 미워진 걸까요?"

"성도님 마음속에서 '남편의 저런 말과 행동은 도저히 받아들일 수 없어. 내가 생각했던 기준과 너무 차이 나'라고 한 순간 남편에 대한 미운 마음이 생기고 큰 실망감에 빠진 것입니다. 그렇지 않습니다. 남편도 그렇게 표현할 수 있습니다. 예수님도 겟세마네 동산에서 기도하실 때 제자들에게 말하길 '내가 심히 고민되어 죽게 되었다'고 표현하셨습니다. 하나님 아버지의 뜻을 다 알고 있고 그 뜻을 행하러 오신 예수님께서 왜 그런 말씀을 하셨을까요? 이 땅에 육체를 갖고 사는 동안 당하는 고통에 대한 반응으로 얼마든지 그렇게 표현할 수 있다는 것입니다. 그런 식의 반응이 내 기준에 맞지 않더라도 용서해야 합니다."

그분은 눈물을 흘리며 남편을 용서하겠다고 말했습니다. 그리고 마음에 평화와 안정, 기쁨이 가득한 채 집으로 돌아갔습니다.

그렇습니다. 우리는 하나님을 믿고 섬기지만 때로 좌절하고 낙심할 수 있습니다. 근심하고 염려하고 상처받기도 합니다. 여러 가지 환난과 시련을 겪기도 합니다. 그럴 때 주위 사람들은 겉으로 드러난 것만 가지고 비난하고 욕하지만 한 집에서 같이 밥 먹고 잠자는 부부나 자녀들은 이해하고 믿어 주어야 합니다.

무엇보다 중요한 것은 가족을 용서해야 합니다. 가족 관계에 있어 가장 중요한 것은 율법으로 심판하는 것이 아닙니다. 사랑으로 용서하는 것입니다. 율법이 사람을 위해 있지 사람이 율법을 위해 있지 않습니다. 가족을 사랑하는 마음을 회복하십시오.

"원수를 갚지 말며 동포를 원망하지 말며 네 이웃 사랑하기를 네 자신과 같이 사랑하라 나는 여호와이니라."(레 19:18)

너희 관용을 모든 사람들에게 알게 하라

왜 용서하지 못할까요? 사람마다 자기 기준을 갖고 판단하기 때문입니다. 자기 눈에서 조금만 못 미치면 "이럴 수가 있나? 내 기준에서 어긋났어. 이런 괘씸한······"이라고 말하게 됩니다.

이것을 보통 '괘씸죄'라고 합니다. 괘씸죄······.

당신도 윗사람에게 괘씸죄로 걸린 적이 없습니까?

내가 27세 때 선배 전도사님이 내게 충격적인 말을 했습니다.

"교회에서 교역자로 섬기다가 괘씸죄로 걸리면 쫓겨난다."

"그게 무슨 말이에요?"

"노회나 총회에서 정치하는 분들 중에는 괘씸죄에 걸리는 사람을 잡아 죽이는 일이 있다. 그들에게 잘못 보여 감정적으로 안 좋아지면 이유 없이 쫓겨난다. 서로 결탁해서 목사 한 명 죽이는 것을 아무 것도 아닌 것처럼 여기고 사사로운 감정으로 치리한다. 그리고 그 자리에 자기들이 원하는 사람을 밀어 넣는다."

"그래요? 놀랍군요."

교계에만 그런 일이 있는 것이 아닙니다. 우리 삶의 구석구석에 괘씸죄가 있습니다. 자녀는 생각할 때 '우리 엄마 아빠는 내 마음에 안 들어. 괘씸해'라고 합니다. 물론 부모님께 직접 그런 표현을 하지는 않습니다. 그러나 그런 경우가 많습니다.

"내가 새로 나온 핸드폰 사 달라고 했는데 왜 안 사주는 거야. 괘씸한 아빠. 엄마. 미워 죽겠어."

당신의 자녀들이 표현하지 않는다고 해서 착한 줄 알면 오산입니다. 부모도 마찬가지입니다. '내가 원하는 만큼 왜 성적을 안 올려 주는 거야. 내가 힘들여 일해서 번 돈으로 투자하고 있는데…… 괘씸한 녀석' 하고 생각할 수 있습니다. 남편도 아내에 대해 괘씸하게 생각하고 아내도 남편에 대해 그렇습니다.

그런 마음들을 다 버려야 합니다. 자기 기준에 불과합니다.

너그러운 마음으로 서로를 대해야 합니다. 마음을 넓게 가져야 합니다. 그래야 서로를 끌어안을 수 있습니다.

주님께서는 자기 기준 곧 '괘씸죄'를 버리라고 하십니다.

"너희 관용을 모든 사람들에게 알게 하라."(빌 4:5)

오줌 세 방울이 튀었다고 이혼하는 사람도 있다

한 남자가 아름다운 여인을 만나 결혼했습니다.

예쁜 아내, 멋있는 남편이 한 가정을 이루었습니다.

아내는 남편의 모든 것이 마음에 들었습니다. 좋은 직장을 통해 돈도 많이 벌고 인물도 핸섬했기 때문에 무엇 하나 부족함이 없는 것처럼 느껴졌습니다. 이제는 정말 천국같이 행복한 장밋빛 인생이 날마다 펼쳐지리라 굳게 믿었습니다. 그런데 결혼한 지 3일 만에 이혼할 지경에 이르렀습니다. 그들은 재판소까지 가서 얼굴을 붉히며 서로 싸웠습니다. 아내는 남편을 도저히 못 받아들인다며 폭발적인 울음을 터트렸습니다. 이유는 예기치 못한 엉뚱한데 있었습니다. 아내가 화를 내며 말했습니다.

"결혼한 후 셋째 날까지 남편이 화장실에서 변기 뚜껑을 안올리고 오줌을 눠서 세 방울씩 튀어 위 뚜껑에 묻었습니다. 내가 분명히 세 번이나 경고했는데도 남편은 내 말을 듣지 않았습니다."

남편도 할 말이 많다며 이렇게 변명했습니다.

"나는 30년 동안 변기 뚜껑을 안올리고 오줌을 눴는데 아무도 말하는 사람이 없었습니다. 금방 바뀌지 않아 좀 기다려 달라, 용서해 달라고 부탁했는데 아내는 그럴 수 없다고 했습니다."

아내는 남편의 행동을 절대로 용서할 수 없다고 했습니다.

"내가 화장실에 들어가서 소변을 보려고 하는데, 남편의 오줌이 세 방울씩 튀어 있으니 기분이 어떻겠습니까? 하루 이틀은 참았지만 사흘째까지는 도저히 참을 수 없었습니다. 나는 성인군자가 아닙니다. 더 이상은 못 참습니다. 이혼해야겠습니다."

실제로 그런 일이 많습니다. 그나마 그들은 3일간 살았지만 신혼 여행가서 호텔에서 그렇게 싸우고 헤어지는 부부도 있습니다.

서로를 절대로 용서하지 못한다는 것입니다. 왜일까요?

너그러운 마음이 없기 때문입니다. 그렇게 기다리던 아기를 낳아 인형처럼 예쁘게 키우려고 했는데 막상 아이를 낳아 보니 인형이 아니었습니다. 인형은 똥오줌을 싸지 않기 때문입니다. 1년, 2년이 지나면서 자신들의 기대가 마구 무너지기 시작합니다.

"내가 생각한 아이는 깨끗한 아이였는데, 아무리 생각해도 지금 내가 키우고 있는 아이는 돼지와 다를 바 없어요. 하루에 몇 번씩 똥을 싸고 울어요. 계속 목욕을 시켜 줘야 하고, 손톱 발톱 깎아 줘야 하고 젖 물려야 돼요. 너무 힘들어요."

자기가 10개월간 뱃속에 품고 있다가 낳았기 때문에 아이를 사랑하는 마음으로 키우는 것이지 사랑이 없이 자기 기준으로만 아이를 본다면 도저히 아이를 받아들일 수 없습니다. 초등학생 쯤 되면 옷도 제대로 개지 않고 벗어서 집어 던지고 계속 안방과 거실을 어지럽히기만 하니 화가 나서 견딜 수 없게 됩니다.

나도 그렇습니다. 하지만 아이들이 어지럽히면 놔둡니다.

일주일 동안 그렇게 뒹굴고 나면 주말에 한 번 정리하면 됩니다. 아이들은 원래 어지럽히며 노는 것이 당연하기 때문입니다. 항상 정리 정돈, 먼지 하나 없는 깨끗한 바닥을 원한다면 아이를 낳지 말아야 합니다. 그러면 아이를 통해 얻는 행복은 없습니다.

"소가 없으면 구유는 깨끗하려니와 소의 힘으로 얻는 것이 많으니라"(잠 14:4)고 했습니다. 너무 깨끗하게 살지 마십시오.

성경은 믿음으로 살라고 하지 완벽하게 살라고 하지 않습니다. "의인은 믿음으로 살리라."(갈 3:11)

사흘 후에 잔소리하겠다고 생각하라

당신은 '사흘 길 마인드'를 아십니까?

이것은 '자신이 원치 않는 것을 사흘 길쯤 떼놓는 것'을 말하는데, 창세기 30장 36절에 "라반은 자기와 야곱의 사이를 사흘 길이 뜨게 하였고 야곱은 라반의 남은 양 떼를 치니라"는 내용이 나옵니다. 라반은 자신이 원치 않는 것을 사흘 길쯤 뜨게 했습니다.

당신이 원치 않는 것을 자꾸 하게 되어 속상한 경우에 그것을 사흘 길쯤 떨어뜨려 놓으면 쉽게 해결됩니다. 엄마는 아이에게 화를 내면 금방 후회합니다. '그렇게 화를 내지 않아도 됐는데.'

사흘 후에 화를 내겠다고 생각하면 화낼 일이 없어집니다.

잔소리 하고 싶어 입이 근질근질할 때도 '사흘 후에 잔소리하자'고 생각하면 됩니다. 그때는 잔소리할 일이 거의 없어집니다.

엄마 아빠는 잔소리를 수십 번 합니다. '엄마의 잔소리'라는 책을 한 권 써내도 될 정도로 엄마의 잔소리는 독특합니다.

"너 왜 숙제 안 했니? 숙제는 학교에서 하면 안 돼. 집에서 해야 숙제지. 숙제하고 친구 만나. 숙제하고 놀아. 숙제하고 텔레비전을 봐. 숙제하고 밥 먹어. 숙제하고 학원에 가. 숙제하고 공놀이 해. 숙제하고 게임해. 네가 숙제 안 하면 선생님이 엄마에게 책임을 묻는단 말이야. 엄마 이미지가 안 좋아져. 숙제하고 잠자야지. 숙제 다 했니? 엄마가 숙제한 거 확인 안 해도 돼?"

잔소리가 숙제로 시작해서 숙제로 끝납니다.

숙제를 안 한 상태를 못 견디는 것입니다. 그러면 아이는 엄마의 잔소리를 듣고 반항합니다. 반항하는 방법이 뭘까요?

"숙제 안 해요. 싫어요"라고 하지 않고 이 핑계 저 핑계 대면서 숙제를 미루는 것입니다. 다음날 아침 학교에 가기 직전까지 미뤘다가 하는데 그것이 엄마의 잔소리에 대한 아이의 복수입니다.

아이가 숙제를 안 하면 누구의 마음이 더 조립니까? 엄마입니다. 이것은 서로 피곤하고 숨 막히는 긴장 관계를 형성합니다.

아이를 용서하고 너그럽게 품지 못하면 관계는 자꾸 멀어지고 나중에는 깊은 골이 파이게 됩니다. 숙제는 그 아이가 해야 할 일이지 엄마가 해야 할 일이 아닙니다. 한두 번 말했으면 죽이 되던 밥이 되던 아이에게 완전히 맡겨야 합니다. 아이의 인생입니다.

당신이 가지고 있는 수많은 기준들이 집안을 숨 막히게 만들고 관계를 깨뜨리지 않는지 확인해야 합니다. 나도 아이들이 게임하는 것을 보면서 짜증낼 때가 있습니다. 바깥에서 일을 끝내고 집에 들어오면 아이들이 게임을 하고 있는 모습을 발견하게 됩니다. 그러면 "너 게임한 지 얼마 되었니?"라고 묻게 됩니다.

아이는 "금방 시작했어요"라고 대답하며 긴장합니다. 그래야 할 필요가 있을까요? 지금은 잠잘 때만 "모두 꺼라"고 말합니다.

"이제 그만 하고 끄세요. 내일 또 하세요. 내 잔이 넘칩니다."

이렇게 단체 카톡을 보내면 알아서 다 끄고 잡니다.

아이도 혼자 있는 시간, 여유 있게 인터넷과 게임을 하는 시간이 필요합니다. 그런데도 막상 게임하는 모습을 보면 "너 게임한 지 오래됐지?"라는 말이 입에서 튀어나올 때가 있습니다.

주님은 자녀에 대해 너무 안달하지 말라고 하십니다.

"너무 조바심을 갖지 마라."

"너무 안달하지 마라."

"좀 너그러운 마음으로 아이들을 대해라."

우리는 하나님께도 늘 닦달을 합니다. 기도하고 난 다음에 바로 펑 하고 응답이 나타나기를 바랍니다. 하나님께 땅을 치면서 호소합니다. 기도 응답에 대한 조급함을 버려야 합니다.

"아무것도 염려하지 말고"라는 말은 '어떤 일에도 조바심을 갖지 말고'라는 뜻입니다. 조바심을 다 내려놓으십시오.

"오직 모든 일에 너희 구할 것을 감사하는 마음으로……."

"감사하는 마음으로 구하라"는 말은 '이미 받았다는 믿음으로'라는 뜻입니다. 하나님께서는 우리가 믿음으로 구한 것들, 곧 우리들의 필요한 것을 정확하게 다 알고 넘치게 응답하십니다.

하나님께 대해, 주위 사람들에 대해, 자신에 대해 너그러운 마음을 가지십시오. 원치 않는 것들에 대해서는 "3일 후에, 7일 후에, 100년 후에 하겠다"고 마음먹으십시오. 그러면 쉽습니다.

"100년 후에 정죄하겠다."

"100년 후에 허물을 말하겠다."

"100년 후에 비판하고 판단하고 심판하겠다."

그때는 정죄하고 비판하고 판단하고 심판할 일이 없어질 것입니다. 그 사람의 허물을 말할 필요가 없어질 것입니다. 모든 인생은 바람처럼 지나가고 안개처럼 사라집니다. 그런 것에 마음을 빼앗기지 말고 변함없이 하나님을 경외하고 사랑하십시오.

"이러므로 그들은 아침 구름 같으며 쉬 사라지는 이슬 같으며 타작마당에서 광풍에 날리는 쭉정이 같으며 굴뚝에서 나가는 연기 같으리라."(호 13:3)

등진 사람을 용서하면 공황 장애가 낫는다

당신은 하루 종일 마음에 분노가 끓지 않습니까?

율법주의 기준 때문에 분노가 끓는 것입니다.

율법주의 기준이 없으면 분노도 없습니다. 율법주의자들인 대제사장들과 서기관들은 예수님을 보고 멸하려고 했습니다.

오늘날도 예수님이 교회 가운데 오시면 "저 예수를 어떻게 멸할꼬?" 할 사람이 없잖아 있을 것입니다. 특히 대제사장들과 서기관들 같은 종교 지도자들이 더 그럴 수 있습니다. 그런 종교 지도자들은 원수가 많이 생깁니다. 등진 사람이 많으면 무섭습니다.

예전에 조직 폭력배 두목이 나를 찾아온 적이 있습니다.

그는 부산의 어떤 큰 교회를 다닌다고 하면서 자신이 '공황 장애'(panic disorder)에 걸렸다고 했습니다. 나는 비행장에 무슨 장애가 있는 줄 알았습니다. 그런 병명을 처음 들었기 때문입니다. 사람들이 있는 곳에 가면 떨려 제대로 서 있지 못하고 어지러워 쓰러진다고 했습니다. 택시나 버스도 타지 못한다고 했습니다. 손이 덜덜 떨리고 눈동자가 돌아가고 공중에 붕 뜬것처럼 살아가는 것입니다. 집 밖을 잘 나서지 못한다고 했습니다.

내가 그분에게 물었습니다.

"왜 그렇게 힘들게 생활하게 되었습니까?"

"모르겠습니다. 하지만 최근에 김열방 목사님이 쓰신 〈성령님과 실제적인 교제법〉 책을 보고 조금씩 변화되고 있습니다."

"주위에 용서하지 못한 사람이 있나요?"

조폭 두목으로 많은 사람들을 거느렸으니 그들 중에 배신한 사람, 떠난 사람들, 다른 조직으로 간 사람들이 있을 것입니다. 또 어떤 문제를 해결하면서 애꿎은 사람들에게 해를 입히기도 했을 것입니다. 그것을 예수 믿고 다 청산했지만 그의 마음속에는 아직 여러 가지 상처들이 남아 있었던 것입니다. 그것이 오히려 자기를 덮치게 된 것입니다. 그는 두려워 견딜 수 없다고 했습니다.

'누군가 나를 죽이려 들면 어떻게 하지?'

관계가 안 좋은 사람들이 왜 집문 밖을 나서는 것에 대해 두려워합니까? 문 밖을 나섰는데 누군가 나를 칼로 찌르면 어떻게 할까 두렵기 때문입니다. 교통사고가 나고, 하늘에서 비행기가 떨어지고, 천정이 무너져 내리고 하는 것 때문에 두려움이 생기는 것이 아닙니다. 사람이 마음에 평화를 잃으면 두려움이 덮게 되는 것입니다. 나는 그분에게 말해 주었습니다.

"하나님의 영광이 성도님을 덮고 있습니다. 하나님의 영광은 '무겁다'는 뜻이 있습니다. 온 우주에서 가장 무거우신 예수 그리스도의 영이신 성령님께서 성도님의 마음 중심에 자리 잡고 계시므로 성도님의 인생은 가볍게 뜨지 않습니다. 흔들리지 않습니다. 그리고 과거의 모든 사람과 기분 나쁜 사건을 다 용서하십시오."

"너무 많은데요. 어떻게 그들을 다 용서할 수 있습니까?"

"공책을 하나 준비해서 그들의 이름을 적으십시오. 한 명씩 이름을 떠올리면서 '이 사람을 용서했습니다'라고 말하십시오. 그러면 그 사람을 용서하게 됩니다. 그리고 그와의 관계를 막고 있는 담이 허물어질 것이며 그를 사랑하게 될 것입니다. 나도 그렇게 해서 과거에 나를 힘들게 했던 사람들을 모두 용서했습니다."

"네, 그렇게 하겠습니다."

그는 그 자리에서 자신을 힘들게 한 사람들의 이름을 적었고 그들을 용서하는 기도를 드렸습니다. 그러자 그의 마음에 큰 평화가 찾아왔고 얼굴이 다시 빛나기 시작했습니다.

그는 또 한 가지를 더 말했습니다.

"저는 가끔씩 제가 '죄인'이라는 정죄에 빠집니다. 그러면 징계에 대한 마음이 생기고 갑자기 하나님의 징계를 받아 죽게 될 것 같은 두려움에 사로잡히게 됩니다. 어떻게 하면 좋을까요?"

"하나님께서 성도님의 모든 죄를 예수님에게 덮어씌웠고 성도님 대신 그분을 십자가에 못 박았습니다. 성도님이 예수를 구주로 믿는 순간, 성도님은 그리스도 안에서 '의인'이 되었습니다. 더 이상 정죄가 없고 징계도 없습니다. 성도님이 받아야 할 징계를 예수님이 다 받았으므로 성도님 안에는 하나님의 평화가 가득합니다. 이 사실을 믿으십시오. 그리고 나를 따라 말하십시오."

그는 나를 따라 이렇게 또박또박 말했습니다.

"내 안에 평화가 가득하다. 나는 징계를 받지 않는다. 예수님이 내 대신 모든 징계를 받았다. 나는 하나님과 평화를 누린다."

그는 인생을 새롭게 출발했습니다.

당신도 혹시 마음에 상처 받은 사건이나 사람이 있습니까?

"내게 명절 때 사과 한 박스도 안 가져온 사람."

"차 운전 하다가 급브레이크를 꽉 밟아 나를 놀라게 한 사람."

"큰돈을 꾸어 갔는데 이자를 안 낸 사람."

"법정에 몇 번이나 고소하면서 죽이느니 살리느니 한 사람."

그들의 이름을 다 적으십시오. 부모님의 이름을 적고 자식들의 이름을 적으십시오. 형제자매와 친구들의 이름을 적으십시오.

"부모님이 왜 내게 제대로 안 해주셨나?"

"그 놈의 자식이 왜 내가 말한 대로 순종하지 않았나?"

그 자식들의 이름을 적으십시오.

"내가 그렇게 믿고 챙겨 주었는데 왜 나를 버리고 떠나갔나?"

그들의 이름을 낱낱이 적으십시오. 누군가에 대한 섭섭한 마음을 가졌으면 이름을 적으십시오. 누군가 만나지 못하고 등진 상태로 있다면 그들의 이름을 다 적으십시오. 이렇게 기도하십시오.

"하나님, 이 사람들을 다 용서했습니다. 완전히 용서했음. 어떠한 감정도 없음. 끝, 억만 번이나 감사합니다."

그러면 당신의 마음에 평화가 찾아올 것입니다.

"할 수 있거든 너희로서는 모든 사람으로 더불어 평화하라. 모든 사람으로 더불어 화평함과 거룩함을 좇으라. 이것이 없이는 아무도 주를 보지 못하리라"(롬 12:18, 히 12:14)

사람은 누구나 서로에게 크고 작은 상처를 준다

예수를 믿으면 당연히 마음에 평화가 가득해야 합니다.

그런데 왜 당신의 마음에 평화 대신 불안과 초조, 조바심으로 가득합니까? 매일 답답하고 괴롭기만 합니까? 왜 이를 뿌드득뿌드득 갈며 인상을 찡그리고 생활합니까? 예수를 믿는 사람들이 이를 간다는 것은 등진 사람이 있기 때문입니다.

특히 정치하는 사람들일수록 등진 사람들이 많습니다. 노회나

총회 같은 곳에도 수백 명의 목사 장로들이 모여 정치하는데, 그들끼리 등지고 나와 예배하고 회의를 진행하는 경우가 많습니다.

앞에서 정치하면서 일하는 사람들 중에 병든 사람이 많습니다.

왜 그럴까요? 등지는 일이 많기 때문입니다. 내 편이 아니어도 이해해야 하는데, 거절당했다는 느낌에 사로잡혀 등지고 그를 적으로 여기는 것은 사탄의 올무에 빠지는 것과 같습니다.

나라든 교회든 한 영역을 다스리려면 정치를 해야 합니다.

정치를 하다 보면 등지는 사람이 있기 마련입니다. 그들을 용서해야 합니다. 사람들은 자기가 다른 사람에게 전혀 상처를 안 준다고 생각합니다. 상처를 받기만 했다고 여깁니다. 하지만 자신도 다른 사람에게 알게 모르게 많은 상처를 준다는 것을 인정해야 합니다. 사람은 누구나 서로에게 크고 작은 상처를 줍니다.

"원수는 돌에 새기고 은혜는 물에 새긴다"는 말이 있습니다.

자기도 모르게 뭔가 실수도 하고, 잘못한 것도 있고, 허물도 있고, 남을 괴롭히거나 상처를 준 것도 있을 텐데 신기하게도 많은 사람들이 그런 것들은 하나도 생각하지 않습니다. 남이 자기에게 상처 준 것만 떠올리며 수백 번 섭섭하다고 말합니다.

다른 사람에게 나도 모르는 상처를 주었다면 결국 그 사람 혼자 그 상처를 해결해야 합니다. 그 사람이 평생 그것을 지고 있을 수 있습니다. 그러나 다른 사람들이 내게 상처를 준 것은 하나님 앞에 가지고 나아갈 수 있습니다. 그리고 하나님께 기도하기를 "하나님, 그 사람의 허물을 다 용서합니다"라고 할 수 있습니다.

"서로 친절하게 하며 불쌍히 여기며 서로 용서하기를 하나님이

그리스도 안에서 너희를 용서하심과 같이 하라."(엡 4:32)

그리스도 안에 있는 의인인 형을 용서하라

당신은 형제간의 우애가 좋습니까?
예수님은 형제의 허물을 용서하라고 하셨습니다.
"누가 누구에게 불만이 있거든 서로 용납하여 피차 용서하되 주께서 너희를 용서하신 것 같이 너희도 그리하라."(골 3:13)
하루는 강릉에 사는 한 청년이 나를 찾아와서 말했습니다.
"저는 형을 절대로 용서 못합니다. 제가 중학교 때 형은 고등학생이었는데 저를 얼마나 괴롭혔는지 모릅니다. 저는 형이 입다 내놓은 옷을 물려 입었습니다. 형이 저에게 할 짓 못할 짓, 온갖 더러운 짓 나쁜 짓을 다 시켰습니다. 그때는 멋도 모르고 형이 시키는 대로 다 해야 된다고 생각했습니다. 그래서 시키는 대로 하기는 했는데 지나고 나니까 그때 한 일들이 제게 습관으로 남아 있어 제 인생을 더럽히고 있습니다. 그 형을 생각할 때마다 이가 뿌드득뿌드득 갈립니다. 그때 이후로 형과 등지고 사는데 10년 동안 한 번도 만난 적이 없었습니다. 형이 제 원수입니다."
나는 안타까운 마음으로 그에게 대답했습니다.
"그런 형을 용서하십시오. 형이 알고 그랬던 모르고 그랬던, 자기 이익을 위해 그랬던 쾌락을 위해 그랬던, 다 용서하십시오."
"절대로 용서가 안 됩니다. 형만 생각하면 화가 납니다."

"형은 모를 수도 있고 잊었을 수도 있습니다. 그때 한 일들을 별거 아니라고 생각할 수도 있습니다. 진짜 형이 잘못 했다는 것을 안다면 동생에게 와서 사과했지 않겠습니까? 10년 동안 한마디도 하지 않았다는 것은 형이 그때 한 일을 가벼운 장난으로 여겼기 때문일 수도 있습니다. 형은 어릴 때 멋모르고 철없이 한 일이었는데 동생인 당신은 그렇지 않았던 것입니다. 그렇다면 형은 상관없습니다. 당신이 그 문제를 가지고 형에게 가서 풀면 좋겠지만 그렇게 한다고 해서 형이 긍정적인 반응을 보일 거란 확신은 없습니다. '나는 그게 잘못인지 몰랐다, 장난으로 했다'고 하면 어떻게 할 겁니까? 과연 형이 당신을 끌어안으며 용서해 달라고 하겠습니까? 하나님께서 형에게 깨달음을 주셔야만 그럴 것입니다. 그러므로 그 형은 하나님께 맡기고 당신은 마음에서 형을 용서하십시오. 못된 짓을 시켰던 것, 이해하지 못할 더러운 일을 시켰던 것을 모두 용서하십시오. 형도 그리스도 안에 있다면 '의인'입니다. 형은 예수를 믿음으로 억만 가지 죄를 다 용서 받은 의인입니다. 예수님이 용서하신 죄를 당신이 품고 있을 필요가 없습니다."

"어떻게 용서합니까? 미운 감정이 생겨 용서 못합니다."

"용서는 감정이 아닙니다. 믿음입니다. 하나님이 죄를 지은 우리를 감정적으로 대하신다면 다 때려죽여야 했을 것입니다. 그러나 하나님은 우리를 용서하셨습니다. 형을 용서하십시오."

"어떻게 하면 됩니까?"

"성경에 나와 있습니다. 너희가 무엇이든지 기도하고 구한 것은 받은 줄로 믿으라. 그리하면 그대로 되리라고 했습니다. 형을 용서했다고 한 번 기도했으면, '형을 용서했음을 감사합니다. 저는 형을 진심으로 다 용서했습니다'라고 말하면 됩니다."

그는 그렇게 했습니다. 그리고 10년 만에 처음으로 마음에 평화가 찾아왔습니다. 10년 동안 형에게 응어리졌던 마음이 순식간에 녹아내렸고, 10년 만에 아무 일도 없었다는 듯이 편안한 마음으로 그리스도 안에서 의인이 된 형을 찾아가게 되었습니다. 또 형을 자기 집에 초청도 하고 자기 집에 오는 것을 반겼습니다.

시편 133편은 형제의 연합에 대해서만 기록한 시입니다.

"형제가 연합하여 동거함이 어찌 그리 선하고 아름다운고. 머리에 있는 보배로운 기름이 수염 곧 아론의 수염에 흘러서 그 옷깃까지 내림 같고 헐몬의 이슬이 시온의 산들에 내림 같도다. 거기서 여호와께서 복을 명하셨나니 곧 영생이로다."(시 133:1~3)

형제끼리 불화하면서 하나님께 나와 기도하면 하나님이 응답하실 거라고 생각하면 안 됩니다. 하나님은 이미 우리에게 모든 것을 응답하도록 법으로 정해 놓았습니다. 우리가 형제의 허물을 용서하지 않으면 하나님도 우리의 허물을 용서하지 않으십니다.

등진 일이 있으면 그 사람을 용서해 주라

산을 옮기는 믿음의 기도를 하는데, 왜 응답이 더딥니까?
왜 믿음의 기도를 해도 아무런 반응이 없습니까?
"너희 마음의 산이 옮겨지지 않은 상태에서 다른 산부터 옮기려고 하지 마라. 너희 마음의 산부터 옮겨 놓아라."

"무슨 산입니까?"

"용서하라. 미움의 산을 옮겨 바다에 빠지게 하라."

당신에게 혹시 "나는 그 사람을 생각만 해도 화가 치밀어 올라" 하는 사람이 없습니까? 그 사람이 당신에게 어떤 잘못을 했던 그 문제를 푸는 길은 당신에게 있습니다. 당신이 그를 용서해야 합니다. 일흔 번에 일곱 번이라도 그를 용서해야 합니다.

마가복음 11장 25절에 형제의 혐의를 용서하라고 했습니다. "서서 기도할 때에 아무에게나 혐의가 있거든 용서하라. 그리하여야 하늘에 계신 너희 아버지도 너희 허물을 사하여 주시리라."

예수님은 산을 옮기는 많은 기도 제목들에 대해서 말씀하셨습니다. 그러나 그 결론은 무엇일까요? 사람과의 관계입니다.

"너희 인생에 가장 큰 어려움은 돈 문제가 아니다. 사람과의 관계다. 그 관계에서 막고 있는 열매 맺지 못하는 무화과나무, 너희 인생을 가로 막고 있는 태산 같은 문제, 그것은 곧 미움이다. 미움의 산을 옮겨라. 그것은 '믿음의 용서'만이 가능하다."

당신이 소중히 여기는 어떤 물건을 어머니가 청소한다고 버렸습니까? 어머니를 용서하십시오. 그 물건보다 어머니가 더 귀합니다. 당신이 귀중하게 여기는 보석을 이사하면서 남편이 모르고 버렸습니까? 남편을 용서하십시오. 그 보석보다 남편이 더 귀하기 때문입니다. 남편이 소중하게 간직하던 서류를 아내가 잃었습니까? 아내를 용서하십시오. 그 서류보다 아내가 더 귀하기 때문입니다. 마가복음 11장 25절을 번역한 것을 〈우리말 성경〉과 〈쉬운 성경〉에서 보면 이렇게 되어 있습니다.

"서서 기도할 때에 어떤 사람과 등진 일이 있으면 그 사람을 용서해 주어라. 그러면 하늘에 계신 너희 아버지께서도 너희의 죄를 용서해 주실 것이다."

등진 일이 있으면 용서하라는 것입니다.

등진 사람을 용서하지 않으면 영원히 그를 만나지 못하게 되고 그에게 복음을 전할 기회를 얻지 못하게 됩니다.

시기 질투를 받으면 등지게 된다

요셉은 채색 옷 때문에 형들의 시기를 받아 등졌습니다.

요셉이 등진 것은 아니었고 형들이 요셉을 등졌습니다. 요셉이 지도자가 된다는 꿈을 꾸고 말하자 등진 것이 더욱 심해졌습니다.

"요셉은 노년에 얻은 아들이므로 이스라엘이 여러 아들들보다 그를 더 사랑하므로 그를 위하여 채색옷을 지었더니 그의 형들이 아버지가 형들보다 그를 더 사랑함을 보고 그를 미워하여 그에게 편안하게 말할 수 없었더라. 요셉이 꿈을 꾸고 자기 형들에게 말하매 그들이 그를 더욱 미워하였더라."(창 37:3~5)

어떤 사람이 취업을 했는데, 그는 정말 뛰어난 사람이었고 단기간에 돈을 많이 벌었습니다. 그런 그를 회사에서 잘랐습니다.

"자네가 세일즈를 잘해서 회사에 돈을 많이 벌어 오는 것은 좋은데 간부들보다 더 많은 수입을 올리니까 우리 배가 아파 못 견디겠다. 다들 시기 질투하고 있다. 우리 회사에서 나가라."

그 일로 인해 그의 마음에 미운 마음이 생겼습니다.

"이럴 수가 있나? 나를 고용할 때는 그렇게 열심히 일해 달라고 부탁해 놓고선 이제 와서 내 개인의 수입이 많다고 자르다니…… 나 때문에 자기들에게도 많은 이익이 생겼잖아?"

처음에는 열심히 일해서 돈을 많이 벌어 주기를 바라던 간부들이 이제는 시기와 질투의 대상으로 여긴 것입니다. 함께 성공하는 차원에서 좋게 생각할 수 있을 것 같은데 그들은 그렇게 하지 않았습니다. 그가 속상한 마음을 주님께 말씀드렸을 때 주님께서는 괜찮다며 그를 위로해 주셨습니다.

"괜찮다. 그들을 다 용서해라. 그리고 네 사업을 시작해라."

주님의 음성을 따라 그들을 다 용서했는데, 안타깝게도 그들이 사고와 병으로 일찍 죽고 말았습니다. 하나님의 공의가 나타난 것일까요? 그건 알 수 없습니다. 우리가 할 일은 단지 용서하고 불쌍히 여길 뿐입니다. 우리 주위에 있는 사람들이 망하는 것이 좋은 일이라고 생각하면 안 됩니다. 어떤 이는 생각합니다.

"내가 하나님을 믿고 잘되고 있는데, 나를 조금이라고 해코지하는 사람들은 전부다 망해 버려야 돼."

그것은 하나님이 기뻐하시는 생각이 아닙니다. 하나님은 모든 사람이 멸망하기를 원치 않고 구원 받기를 원하십니다.

"하나님은 모든 사람이 구원을 받으며 진리를 아는 데에 이르기를 원하시느니라."(딤전 2:4)

예수님은 "너희를 미워하고 욕하는 사람들을 축복하라"고 하셨습니다. 당신이 지나간 곳마다, 당신과 관계된 사람들, 당신을 괴롭히거나 힘들게 했던 사람들, 당신에게 상처 준 사람들이 다 심판 받아 죽어 버리면 과연 그것이 당신의 승리일까요? 아닙니다.

승리는 용서에 있습니다. 하나님도 죄를 지은 사람들을 다 죽이고 "나는 승리했다. 그들을 이겼다"고 말씀하지 않으십니다.

하나님은 등진 사람들을 용서하시고 복을 주셨습니다.

등진 사람을 용서한 당신이 승자입니다.

성령님을 존중히 모시고 살라 . 제 4 부 - 이순귀

성령님을 모시고 살며 하루 종일 감사하라

당신은 언제 예수님을 처음 만났습니까?

내가 예수님을 처음 만났을 때가 기억납니다.

나는 어릴 때 시골 면소재지에서 살았습니다. 불교 집안에서 태어나 큰댁에서 할머니의 사랑을 받고 자랐습니다. 부모가 없는 가운데 살다 보니 별 꿈도 없고 무엇을 해야 할지 몰라 아무런 목적이 없이 살았습니다. '할머니가 돌아가시면 나도 죽어야지'라는 생각까지 하며 어리석은 자 중에도 아주 저능아로 살았습니다.

그런 내 인생이 예수님을 만나고 바뀌었습니다. 저능아였던 내가 지혜를 얻었고 아픈 몸이 건강해진 것입니다. 당신도 이 책을 읽고 예수님을 만나면 나처럼 지혜를 얻게 되고 몸도 건강해집니다. 예수님은 당신에게 풍성한 생명을 주시는 좋은 분입니다.

나는 중학교 2학년 때 예수님을 만났다

당신은 어릴 때 몸이 아파 누워 있은 적이 없습니까?

나는 어느 날부터 무슨 병인지 알 수 없이 앓아 4학년에서 5학년까지 1년 정도 집에 누워 있었습니다. 시골이라 약국도 병원도 찾아 갈 수도 없었고 그저 돌멩이를 따뜻하게 데워 배 위에 얹어 놓고 지지는 것만 했습니다. 할머니가 계셔서 이것저것 해 봤지만 병이 낫지 않았습니다. 1년 동안 누워만 있어서 보는 사람들의 따가운 눈총을 받으며 나름대로 힘든 삶을 살았습니다. 1년 후에 학교에 갔지만 기초가 없는데 무슨 공부를 잘 했겠습니까?

그러던 어느 날 새벽이었습니다.

아무런 꿈이 없는 내게 문득 이런 생각이 들었습니다.

'교회에 가고 싶다.'

중학교 2학년 때 시골 교회에서 울리는 종소리가 좋아 교회에 가고 싶어졌던 것입니다. 무언인가 알 수 없는 힘에 끌렸습니다.

종갓집에 믿지 않는 불교 집안이라 몰래 교회를 갔습니다.

산으로(산기도 한다고), 교회로, 학교로 이런 시간이 계속 되다 보니 한 달에 이틀 정도만 안 아프고 매일 몸이 아파 괴로웠는데 아, 이게 웬일입니까? 내게 기적이 일어났습니다.

할머니께서 "너 왜 교회 안 가니?" 하시는 겁니다.

할머니는 꿀을 숨겨 놓고 내가 아플 때마다 솥에 불을 지펴 물을 끓여 꿀을 타 주셨습니다. 내 건강을 위해 정성을 다하셨지요. 교회에 다니다 보니 나는 예수님을 만났고 방언도 받았습니다.

무슨 방언인지 모르지만 길 가다가도 입에서 방언이 나왔습니다.

  열심히 교회 생활을 하다 보니 몸도 건강해졌습니다. 몸이 아플 때마다 교회로 가니까 몸이 좋아졌습니다. 교회에 가는 것이 내 몸에 제일 좋았고 보약이 되었습니다. 그때부터 꿈이 없던 내게 꿈이 생겼습니다. 그것은 곧 열심히 교회 가는 것, 전도하는 것, 하나님을 더 알고 싶은 것 등이었습니다. 아무런 소망이 없는 내게 하나님은 꿈을 불어넣어 주셨습니다. 게다가 지금까지 건강한 몸으로 살고 열심히 믿음 생활을 할 수 있게 해주셨습니다. 이것이 최고의 기쁨이고 축복입니다. 나의 하나님께 감사드립니다.

  예수님을 만나 내 인생이 바뀌었습니다. 어리석었던 내가 지혜를 얻어 이렇게 책을 쓰게 되었고 아팠던 내가 건강을 얻어 행복한 삶을 살게 되었습니다. 당신도 나처럼 예수님을 믿으십시오.

  나는 내 인생을 바꾸신 예수님, 최고의 하나님이 나의 아버지라는 것을 온 세상에 자랑하고 싶었습니다. 내가 만난 예수님은 처음도 좋은 예수님, 지금은 더 좋은 예수님, 영원히 좋은 예수님입니다. 나의 소원과 목적은 그런 예수님을 마음을 다해 사랑하고 또 온 세상에 널리 알리는 것입니다.

나는 지난 10년간 많은 어려움을 겪었다

당신은 최근에 어떤 어려움을 겪었습니까?
나는 지난날의 사건 곧 10년 전의 힘든 일들을 돌아봅니다.

그때 아주 힘든 삶을 살면서 많은 어려움을 겪었습니다.

고린도후서 4장 8절에 "사방으로 우겨쌈을 당하여도 싸이지 아니하고 답답한 일을 당하여도 낙심하지 아니하고"라는 말씀이 있지만 그때는 그게 무슨 말씀인지 깨닫지 못했습니다. 나는 이 어려움 속에서 하나님의 음성을 들었습니다.

하루는 앞집과 뒷집이 하수구 문제로 심하게 싸웠습니다.

우리는 옆집에 살고 있는데 자기네 땅을 우리 집이 많이 깔고 앉았다고 담을 헐라는 소리를 했습니다. 지붕은 기와라 아무리 고쳐도 물이 어디서 새는지 종잡을 수 없을 정도로 계속 샜습니다. 비가 오면 아주 큰 물통을 방과 마루에 놓고 물을 받았습니다. 그때 경제적인 어려움 문제로 많이 울었습니다.

전도사님이 심방을 오면 딸기 한 접시 대접할 돈도 없었습니다. 나는 파출부, 식당 등의 일을 하면서 돈을 벌었습니다. 이런저런 일들이 있는 가운데 뒷집에서 말소리만 나면 나는 겁이나 뒤로 벌렁 나자빠지곤 했습니다. '이 집을 팔아 볼까?' 하고 열심히 기도했지만 막다른 집이라 팔리지도 않았습니다. 별수 있나요. "주님, 도와주세요" 하며 울부짖었습니다. 이럴 때 당신이라면 어떻게 견디겠습니까? "사방으로 우겨쌈을 당해도 바울이 낙심치 않았다"는 소리가 내 귀에는 들리지도 이해되지도 않았습니다.

그런데 이런 어려움 속에서도 집밖에만 나가면 내 입에서 찬양이 흥얼거리며 나왔습니다. 또 웬 춤이 그렇게 나오는지요.

집으로 가면 "깔고 앉은 것 다 내 놔" 하고 앞집 뒷집은 나와 상관없는 하수구 문제로 싸우고 비만 오면 수없이 고쳐도 소용없을 정도로 천정은 새고 있었습니다. 와, 미칠 정도였습니다.

그때 일을 지금과 생각하며 비교해 보니 놀라운 깨달음이 내 마음에 다가왔습니다. 그때는 정말 고통스러운 나날들이었습니다. 하지만 그런 고난 속에서 최고의 복을 받았던 것 같습니다.

그때는 시장 갈 때나 옷을 살 때나 어디든지 성령님을 존중히 모시고 다니면서 춤을 추며 살았습니다. 성령님을 모시지 않으면 정말 미쳐야만 살 것 같아서 항상 성령님을 부르면서 다녔습니다. 지금은 그때보다 환경적으로 물질적으로 훨씬 더 좋아졌습니다.

나는 지금에 와서야 "오히려 그때의 사건과 환난이 내게는 정말 복이었구나" 하는 것을 깨닫게 되었습니다. 그 힘든 사건이 내게 저주가 아니라 복이었고 나쁜 것이 아니라 좋은 것이었다는 것을 알게 되었습니다. 당신은 사건과 환난을 어떻게 극복합니까?

그 시절에 성령님을 모시며 살았다는 것이 내게 가장 큰 복이었습니다. 예전에는 하나님이 주시는 복이 단순히 물질이 많고 남부럽지 않게 사는 것인 줄 알았는데 지금에 와서 보니 보이는 복이 다가 아니더라고요. 그때 물질이 없어서 울었지만 최고의 예수님을 만났습니다. 가장 어려운 중에 만난 예수님은 내게 더 값지게 다가왔습니다. 최근에 나는 다시 인격적이고 무엇이든지 내 기도를 들어 주시는 성령님을 만나게 되었습니다.

내게 어떤 일이 일어난 걸까요?

기독교 서점에서 구입한 〈성령님과 실제적인 교제법〉이란 책 한 권을 통해 내 안에 실제로 살아 계신 예수님을 다시 찾게 된 것입니다. 예수 그리스도의 영이신 성령님을 다시 찾고 인격적으로 만나게 되어 얼마나 기뻤는지 모릅니다. 이제는 절대로 놓치지 않을 것입니다. 예전에는 그냥 성령님을 노래를 부르면서 만났지만 이 책은 나를 깜짝 놀라게 했습니다. 성령님을 인격자로 대하며 삶의 전반에 걸쳐 존중히 모시고 살라는 것입니다.

"성령님, 가시지요."

"성령님, 이건 어떻습니까?" 등 이렇게까지 못해 보고 막연히 성령님을 찾았던 나의 모습이 정말 부끄러웠습니다. 이 책의 저자는 김열방 목사님인데 그 이름도 아주 멋졌습니다.

열방이라, 이 이름을 듣는 순간 복음을 위하여 꿈이 없던 나에게 복음을 들고 세계로 향하는 꿈과 용기를 주셨습니다.

옛날 그 시절 어려웠던 사건에서 만났던 때와는 차원을 넘어 이제 세계로 날아다니며 복음의 향기를 전하는 걸 생각해 봅니다. 어떻게 그것이 가능할까요? 나의 분신인 책을 써내는 것입니다.

"성령님과 교제를 나누면서 책 전도와 책 선교를 하라"고 그 책에서 말하고 있었습니다. 나는 그 책을 통해 발로 가는 세계도 있지만 책으로 가는 세계가 있다는 것을 배웠습니다. 그래서 이렇게 책을 쓰게 되었습니다. 당신도 이 책을 꼭 읽어보십시오.

나는 요즘 집을 나설 때마다 이 책을 들고 갑니다. 그리고 문을 열고 나갈 때 나와 함께 계신 성령님께 이렇게 말합니다.

"성령님, 함께 가시지요."

이 습관이 의식으로 몸에 배길 노력하고 있습니다. 잊지 말고 꼭 읽어보십시오. 김열방의 〈성령님과 실제적인 교제법〉입니다.

나는 매일 하나님께 억만 번이나 감사한다

하루는 어느 성도님의 집에 심방을 갔습니다.

장애자인 성도의 집에 심방하면서 최고의 기쁨과 축복을 안고 돌아왔습니다. 왜 일까요? 감사가 터져 나왔기 때문입니다.

성경에 "범사에 감사하라"고 했습니다.(살전 5:18)

"감사하면 버릴 것이 없다"고 했습니다.(딤전 4:4)

나는 이 말씀을 평생 붙잡고 사는 가운데 있습니다.

나는 내게 일어난 모든 일에 대해 감사합니다. 때로는 이해되지 않아도 감사합니다. 결코 원망하거나 불평하지 않습니다.

놀랍게도 내가 만난 그 장애인의 입술에서 나오는 말들이 모두 긍정적이었습니다. 엄청 기뻐하며 웃었던 그의 모습을 기억합니다. 그는 주위 사람의 도움이 없이는 화장실도 못가는 장애인이었지만 그의 모습에서 풍겨 나오는 말로 표현하기 어려운 아름다움이 있었습니다. 그는 정말 존귀한 사람이었습니다.

나는 집으로 돌아와 하나님께 이렇게 말씀드렸습니다.

"하나님. 저는 그들보다 건강합니다. 두 다리로 걸어 다닙니다. 많은 저축은 못해도 먹고 살아가는 것이 저들보다 낫습니다."

그러자 내 안에서 세미한 음성이 들렸습니다.

"이제 알았니? 모든 일에 감사하라."

나는 잠시 환경이 너무 어려워 최악의 힘든 생활을 했습니다.

나 자신의 태도는 고치지 않고 믿음 탓을 하고 기도원 원장 옆으로 가서 갈급한 믿음을 채우려고 했습니다. 이곳저곳을 다니며 뜨겁게 찬양하며 어떻게든 내 빈속을 채우려고 했습니다.

그런 내가 장애인의 집에 심방을 다녀 온 후 감사를 붙잡고 삽니다. "범사에 감사하라."(살전 5:18) 이 말씀을 하나님이 내게 주신 말씀이라고 믿고 매일 실천합니다. 내가 감사하면 하나님이 기뻐하실 것이라는 생각이 들었습니다. 또 감사하면 내 마음도 기뻐질 것이라고 생각되었습니다. 그래서 나는 하루 종일 계속 "감사합니다. 감사합니다" 하고 중얼거렸습니다. 믿음이 아닌 다른 생각과 이런저런 잡생각이 떠오를 때마다 "감사합니다. 감사합니다. 감사, 감사, 감사, 감사합니다"라고 중얼거렸습니다.

이게 웬일입니까? 갑자기 "입으로 시인하면 구원에 이른다"는 말씀이 생각났습니다. 그리고 정말 신기한 일이 일어났습니다.

환경도 그대로이고 재정 상태도 그대로이고 아직 하나도 바뀐 것이 없음에도 불구하고 내 마음이 무척 행복해졌습니다.

내가 감사하기 시작하자 세상이 아름답게 보였습니다. 내 마음도 지옥의 불행에서 천국의 행복으로 바뀌었습니다. 나는 하루 종일 감사 속에 살게 되었습니다. 내가 감사하면 모든 문제는 하나님이 해결하십니다. 다니엘은 죽음의 위기를 당했을 때도 변함없이 하루에 세 번씩 자기 하나님께 감사의 기도를 했습니다.

"다니엘이 이 조서에 왕의 도장이 찍힌 것을 알고도 자기 집에 돌아가서는 윗방에 올라가 예루살렘으로 향한 창문을 열고 전에 하던 대로 하루 세 번씩 무릎을 꿇고 기도하며 그의 하나님께 감사하였더라."(단 6:10)

당신은 죽음의 위기에 처했을 때 어떻게 합니까?

하나님께 원망하지 않습니까? 원망을 멈추고 감사하십시오.

좋은 일이 생겼을 때 기뻐하고 감사하고 춤추는 것은 누구나 다 할 수 있습니다. 하지만 나쁜 일이 생겼을 때 기뻐하고 감사하고 춤추는 것은 오직 믿음의 사람만이 할 수 있습니다. 예수님은 어려운 일이 생겼을 때 기뻐하고 뛰놀며 춤추라고 하셨습니다.

"인자로 말미암아 사람들이 너희를 미워하며 멀리하고 욕하고 너희 이름을 악하다 하여 버릴 때는 너희에게 복이 있도다. 그 날에 기뻐하고 뛰놀라. 하늘에서 너희 상이 큼이라."(눅 6:22~23)

나는 어려운 일이 있을 때마다 근심하고 슬퍼하고 원망하지 않고 반대로 행했습니다. 믿음으로 춤을 추기 시작했습니다.

나는 원래 춤추며 찬양하기를 좋아합니다.

성령님을 내 삶에 모시자 춤이 너무 추고 싶어져 목욕탕에 가면 냉탕으로 가서 춤출 때가 많았습니다. 너무나 행복했습니다.

당신도 불평과 원망을 그치고 감사를 한 번 해보세요.

감사가 습관이 되면 날마다 기적이 일어납니다. 하나님은 감사로 제사를 드리는 자를 기뻐하십니다. 시편 50편 23절에 "감사로 제사를 드리는 자가 나를 영화롭게 하나니 그의 행위를 옳게 하는 자에게 내가 하나님의 구원을 보이리라"고 했기 때문입니다.

감사하면 감사가 더 많이 나옵니다. 양파 껍질을 벗겨도 또 나오고 벗겨도 또 나오듯이 웬 감사가 하루 종일 나오는지……

하루 종일 감사, 감사, 감사하십시오. 억만 번이나 감사하십시오. 길을 걸으면서 "감사, 감사, 감사"라고 중얼거리십시오.

나는 이 감사의 말씀 한마디를 붙잡고 내 인생을 바꾸었습니다. 지금도 모든 것에 감사로 생활합니다. 내가 감사하면 하나님이 좋은 일이든 나쁜 일이든 모든 것을 합력하여 선을 이루신다고 믿습니다. "우리가 알거니와 하나님을 사랑하는 자 곧 그의 뜻대로 부르심을 입은 자들에게는 모든 것이 합력하여 선을 이루느니라"(롬 8:28)고 했습니다. 나는 이 사실을 조금도 의심 없이 믿습니다. 당신도 감사해 보세요. 감사로 씨를 뿌려 감사로 열매를 거두는 방법, 이것은 주님께서 내게 가르쳐 주신 지혜입니다. 그래서 나는 '감사'란 제목으로 사람들 앞에서 간증도 했습니다.

당신도 기도하고 구한 것은 받았다고 믿고 감사하십시오. "입으로 시인하여 구원에 이른다"(롬 10:10)는 하나님의 말씀, 진리의 말씀을 꼭 기억하십시오. 하나님의 말씀은 살아 있고 일점일획도 버릴 바 없는 최고의 가치 있는 보화입니다.

나는 이러한 감사 속에서 행복을 누리며 삽니다. 오늘 내 앞에 있는 모든 어려움을 인해 두려워하지 않고 먼저 감사로 하나님께 제사를 드립니다. 감사하면 버릴 것이 하나도 없다고 했습니다.

감사하면 하나님이 주신 모든 복이 진정으로 내 것이 됩니다.

당신도 오늘부터 감사하기 시작하십시오.

나는 내면에서 성령님과 친교를 나눈다

당신은 내면에서 주님과의 만남과 친교를 가집니까?
나는 성경을 보며 내면의 나 자신을 살피기 시작했습니다.

그냥 성경을 볼 때는 별로 유익이 없었지만 성경을 내 앞 가슴에 대며 한 구절 한 구절을 내게 주시는 살아 있는 하나님의 말씀으로 읽기 시작하자 놀라운 깨달음이 다가왔습니다.

나는 성경을 창세기부터 시작해서 다시 읽었습니다.

창세기 1장에 하나님이 빛을 만드신 사건을 보며 '나를 위해 빛을 주셨구나'라고 생각했습니다. 아담과 하와에게 주신 말씀을 읽을 때는 '내가 아담과 하와같이 하나님의 본질을 벗어나니 이런 꼴이 되었구나'라고 나의 내면을 살펴보게 되었습니다.

이런 식으로 하나님의 말씀으로 내 안을 살펴보기 시작하니 사도 바울의 고백이지만 그것이 나의 고백으로 들려졌습니다.

"나는 괴수 중에 괴수다."

그 순간 회개와 통곡의 눈물이 나올 수밖에 없었습니다.

당신은 성경을 어떻게 읽습니까? 나는 하나님이 내게 직접 하시는 말씀으로 듣습니다. 단순한 역사나 상징으로 읽지 않습니다.

성경을 통해 주시는 하나님의 말씀을 잘 깨닫고 삶을 조정할 때 성장합니다. 그렇게 하려면 "성령님, 말씀을 잘 깨달을 수 있도록 도와주세요"라며 성경을 펼칠 때마다 도움을 구해야 합니다.

성령님께 도움을 구하면 그분은 당신이 성경을 잘 깨달을 수 있도록 지혜와 계시의 정신을 주십니다. 당신의 눈을 열어 주의 법의 기이한 것을 보게 하십니다. 성경이 살아서 움직입니다.

"하나님의 말씀은 살아 있고 활력이 있어 좌우에 날선 어떤 검보다도 예리하여 혼과 영과 및 관절과 골수를 찔러 쪼개기까지 하며 또 마음의 생각과 뜻을 판단하나니 지으신 것이 하나도 그 앞에 나타나지 않음이 없고 우리의 결산을 받으실 이의 눈 앞에 만물이 벌거벗은 것 같이 드러나느니라."(히 4:12~13)

나는 성경을 읽을 때 육의 눈으로 해석하지 않고 내적으로 바라보고 읽습니다. 그러자 생명의 말씀이 무엇인지 알게 되었습니다. 말씀 속에서 최고의 가치 있는 진주들을 발견했습니다.

모든 성경 말씀은 하나님의 마음을 전달하는 편지입니다.

나는 이 편지를 나에게 주시는 하나님의 마음이라고 여기고 읽습니다. 읽는 것마다 마음 판에 새기고 되새김질합니다. 말씀을 묵상하는 중에 나는 주님을 더 친밀히 만날 수 있었습니다.

이사야 55장 6절에 "너희는 여호와를 만날 만한 때에 찾으라. 가까이 계실 때에 그를 부르라"고 했습니다. 하나님은 멀리 계시지 않고 가까이 계십니다. 그러므로 하나님 앞에서 원망 불평하지 말고 감사함을 넘치게 해야 합니다. 성경에 나오는 모든 사건을 보면서 감사가 얼마나 중요한지 나는 깨달았습니다.

외적으로 다가오는 사건을 감사로 받을 때 내 안에 일어나는 나쁜 성질을 조금씩 고쳐 나갈 수 있습니다. 밖에서 일어나는 사건의 궁극적인 목적은 나를 성장시키기 위함입니다.

나는 감사함으로 조금씩 성장해 나가고 있습니다. 자연을 바라보는 눈과 사람을 보는 눈, 그리고 사건을 보는 눈이 조금씩 더 성숙해지고 있습니다. 그러자 모든 자연이 아름답고 길에 서 있는 나무 한 그루를 봐도 하나님의 섭리가 조금씩 알아졌습니다.

그 모든 것에 나를 향한 하나님의 마음이 담겨져 있었습니다.

하나님은 사랑이십니다. 그분이 나를 뜨겁게 사랑하십니다.

하나님은 당신도 뜨겁게 사랑하십니다. 이 사실을 믿으십시오. 당신을 한없이 사랑하시는 주님이 당신 안에 계십니다.

예수님이 말씀하셨습니다.

"그 날에는 내가 아버지 안에, 너희가 내 안에, 내가 너희 안에 있는 것을 너희가 알리라."(요 14:20)

멀리 계신 하나님이 아니라 바로 지금 당신 안에 계십니다.

아, 당신 안에 하나님이 가득히 계십니다.

나는 자녀들에게 믿음의 유언을 남겼다

당신은 유언서를 남긴 적이 있습니까?

잠언에 보면 르무엘 왕의 어머니가 한 훈계가 나옵니다.

"르무엘 왕이 말씀한 바 곧 그의 어머니가 그를 훈계한 잠언이라. 내 아들아 내가 무엇을 말하랴, 내 태에서 난 아들아 내가 무엇을 말하랴, 서원대로 얻은 아들아 내가 무엇을 말하랴, 네 힘을 여자들에게 쓰지 말며 왕들을 멸망시키는 일을 행하지 말지어다. 르무엘아 포도주를 마시는 것이 왕들에게 마땅하지 아니하고 왕들에게 마땅하지 아니하며 독주를 찾는 것이 주권자들에게 마땅하지 않도다. 누가 현숙한 여인을 찾아 얻겠느냐?"(잠 31:1~31)

르무엘 왕의 어머니는 몇 가지 교훈을 책에 남겼습니다.

첫째, 아들아, 네 힘을 여자들에게 쓰지 마라.

둘째, 술을 마시는 것이 왕들에게 합당치 않다.

셋째, 하나님을 경외하는 여인을 만나 결혼해라.

나도 나의 자녀들에게 바라는 교훈을 이렇게 책에 썼습니다.

"사랑하는 아들 딸, 사위 며느리, 손자 손녀, 모두 들어라. 세상에는 믿음이 없고 눈에 보이는 것만 따라 살아가는 사람들이 많다. 너희도 그렇게 살았지만 이제는 장성하여 두 남매를 키우며 살고 있으니 어린 때와 같은 습관으로 외적인 즐거움을 따라서만 살지 말고 하나님의 뜻하는 바가 무언가 알았으면 좋겠다. 나는 어렸을 때 너무 몰라 주위 눈치를 보며 쉽게 어려움에 빠지고 억울한 일도 많이 겪으며 살았다. 그때는 이런저런 사건들이 나를 힘들게 했다. 허나 그 모든 것이 지금의 나를 만들어 결국 하나님을 알고 믿어 경외하게 되었고 그 모든 것이 나를 강하게 하고자 하신 하나님의 뜻인 걸 깨달았다. 너희들이 지금은 잘 모르겠지만 앞으로 나이를 먹어 더 성숙한 어른이 되면 젊었을 때의 고난이 얼마나 좋은 경험이었는지 알게 될 것이다. 믿음의 눈을 뜨고 너희를 향한 하나님의 마음과 일하심을 깨달으면 좋겠다. 앞으로 너희들의 삶에 여러 사건과 환난이 없을 순 없다. 하지만 파도타기 선수가 파도를 만났을 때 그것을 잘 타는 것같이 너희들도 그것을 통해 더 강해지기를 바란다. 부모가 자녀를 사랑하는 것처럼 하나님이 너희를 한없이 사랑하신다는 사실을 알았으면 하는 게 나의 바램이다. 너희를 축복한다."(2017년 9월 20일)

이것은 나의 유언서입니다.

물론 나는 하나님을 경외하기 때문에 빨리 죽지 않고 장수할 것입니다. 이 글은 자녀를 향한 내 평생의 바램이고 그것을 유언

서로 미리 적은 것입니다. 나는 이 책을 읽고 하나님을 경외하는 나의 자녀들이 자손 천대까지 복을 받고 잘 될 거라 확신합니다.

당신도 하나님을 경외하십시오.

하나님을 경외하는 것이 지혜와 지식의 근본입니다.

"여호와를 경외함이 지혜의 근본이라. 그의 계명을 지키는 자는 다 훌륭한 지각을 가진 자이니 여호와를 찬양함이 영원히 계속되리로다."(시 111:10)

나는 만남의 축복을 통해 지경이 넓어졌다

당신은 최근에 어떤 큰 복을 받았습니까?

나는 최근에 믿음의 사람들과의 만남의 축복을 받았는데 이것은 내 인생에 있어 또 하나의 최고의 놀라운 사건입니다. 하나님은 만남의 축복을 통해 내 인생의 지경을 넓혀 주셨습니다.

나는 주님이 내 안에 역사하심을 깨달은 후에 다른 사람과 어울리는 일이 별로 없었습니다. 오직 주님만 바라보며 살았습니다. 내 마음에 고민이 있으면 그분께 말씀드렸고 그러면 내 안에 살아계신 성령님께서는 세미한 음성으로 응답을 주셨습니다. 나는 설거지 하면서도 길을 걸으면서도 항상 주님과 함께 했습니다.

그러던 어느 날, 성령님은 나를 장로교 연합총회로 이끄셔서 믿음의 사람들과의 만남이 있게 하셨습니다. 이 만남 속에서 내게 맡겨진 일을 잘 감당하면서 2년 동안 최선을 다했습니다.

또한 하나님은 김열방 목사님과의 만남의 복을 주셨습니다.

김열방 목사님은 믿음의 은사를 받은 분이었습니다. 그분을 만나 대화를 나누므로 그분의 큰 믿음이 내게도 전염되었고 나의 믿음이 커졌습니다. 나는 이제 담대한 믿음을 가진 자가 되었습니다. "그러므로 너희 담대함을 버리지 말라. 이것이 큰 상을 얻게 하느니라."(히 10:35)고 했습니다. 당신도 담대하십시오.

나는 예전에 아브라함처럼 큰 믿음으로 최고의 복을 바라보지 못했습니다. 그래서 입을 크게 열지 못했습니다. 하지만 이제는 큰 믿음으로 하나님께 최고의 것을 구하고 받은 줄로 믿습니다.

바울은 "내가 복음을 부끄러워하지 않는다"고 했는데 나는 바울처럼 복음을 부끄러워 않는 자가 되지 못했습니다. 매사에 부끄러웠고 담대함이 없던 내가 이제는 최고의 긍정적인 삶으로 방향이 바뀌었습니다. 최고의 믿음으로 최고의 기쁨을 갖게 되었습니다. 지나온 나의 삶을 책에 담게 되었습니다. 기적입니다.

내 인생에 있어 가장 큰 만남의 축복은 성령님입니다. 그리고 김열방 목사님과 박미혜 전도사님, 현재 사역지인 참빛교회 식구들, 천호동에 있는 큰나무교회, 큰기쁨기도원, 연합총회와 노회 임원들, 최명귀 목사님, 라마나신학교 학장님과 교수님들과의 만남의 축복에 늘 감사합니다. 하나님께 억만 번이나 감사합니다.

나의 꿈은 전 세계에 복음을 전파하는 것입니다. 이것을 위해 하나님은 만남의 축복을 통해 내 삶의 지경을 넓히고 계십니다.

당신도 만남의 축복을 사모하고 구하십시오.

인생은 만남의 축복을 통해 변화를 얻고 지경이 넓어집니다.

만남이 인생을 바꿉니다. "지혜로운 자와 동행하면 지혜를 얻고 미련한 자와 사귀면 해를 받는다"(잠 13:20)고 했기 때문입니다. 그러므로 어떤 사람을 만날지 잘 선택해야 합니다. 부정적인 사람을 만나지 말고 오직 믿음의 사람을 만나 사귀어야 합니다.

부정적인 사람을 만나면 부정적인 생각과 말이 전염됩니다. 죄인을 만나 사귀면 당신도 죄를 짓게 되고, 목마른 사람을 만나 사귀면 당신도 목이 마르게 되고, 병든 사람을 만나 사귀면 당신의 몸도 병들게 됩니다. 가난한 사람을 만나 사귀면 당신도 가난해지고, 어리석은 사람을 만나 사귀면 당신도 어리석어집니다.

이와 반대로 의로운 사람을 만나 사귀면 당신도 의로워지고, 성령 충만한 사람을 만나 사귀면 당신도 성령 충만해지고, 건강한 사람을 만나 사귀면 당신도 건강해지고, 부요한 사람을 만나 사귀면 당신도 부요해지고, 지혜로운 사람을 만나 사귀면 당신도 지혜로워집니다. 인생 최고의 만남은 예수님과의 만남입니다.

지금 이 시간에 예수님을 구주로 영접하고 만나십시오.

"주 예수를 믿으라. 그리하면 너와 네 집이 구원을 받으리라."

"영접하는 자 곧 그 이름을 믿는 자들에게는 하나님의 자녀가 되는 권세를 주셨으니……."(행 16:31, 요 1:12)

나는 목회하면서 성령님의 음성을 듣는다

당신 안에 예수 그리스도가 실제로 살아 계십니다.

예수님은 "나를 믿는 자는 성경에 이름과 같이 그 배에서 생수의 강이 흘러나오리라"(요 7:38)고 하셨습니다. 그렇습니다.

예수님을 구주로 믿는 당신 안에는 예수의 영이신 성령님이 한 강처럼 가득히 들어와 계십니다. 그분은 살아 계시고 말씀하십니다. 당신은 살아 계신 성령님의 음성을 들은 적이 있습니까?

나는 한 교회에서 40년 넘게 집사와 권사로 또 여전도회 회장으로 섬겼습니다. 그러던 어느 날 성령님의 인도하심을 따라 섬기던 교회를 나와서 신학 공부를 하게 되었습니다.

3층짜리 건물 지하에서 개척하여 목회를 시작했는데 벌써 13년이 되었습니다. 나는 어려운 사건들을 많이 겪었지만 그 속에서 성령님의 음성을 들을 수 있었습니다. 그분은 순간마다 나를 위로하고 격려해 주셨습니다. 성령님은 나의 목자이십니다.

당신도 성령님을 인격적으로 사귀기 바랍니다.

나는 내 안에 살아 계신 주님을 숨 쉬기보다 찾기 쉬웠습니다. 내 눈은 주님께만 향하고 내 마음은 그분을 많이 사랑합니다.

나는 매일 주님의 임재하심과 만지심과 기름 부음 속에서 행복하게 살고 있습니다. 당신 안에도 주님이 실제로 살아 계십니다.

"우리가 그를 힘입어 살며 기동하며 존재하느니라."(행 17:28)

나는 지금도 그분이 내 안에 살아 계심을 느낍니다.

나는 성령님과 교제하는 습관을 들였다

당신은 매순간 주님을 인격적으로 찾고 있습니까?

주님을 찾으려고 작은 노력만 해도 그분은 당신을 만나 주십니다. 그분은 저 하늘 멀리에만 계신 것이 아니라 지금 강물처럼 당신 안에 가득히 계시고 영광의 구름으로 당신을 덮고 계십니다.

그분은 당신에게 인격적으로 존중 받기를 원하십니다.

어떻게 하면 될까요? 순간마다 이렇게 말씀드리면 됩니다.

"성령님, 함께 가실까요?"

"성령님, 이 차를 타도될까요?"

처음엔 좀 생소하겠지만 천천히 습관을 들이면 됩니다.

성령님은 당신의 말을 다 듣고 당신을 도우십니다.

나는 이렇게 성령님께 내 소원을 말씀드렸습니다.

"성령님, 도와주세요. 남은 인생 오직 당신을 위해 살며 세계로 다니며 복음을 전하겠습니다."

그러자 성령님께서 인도하시고 도우시므로 이렇게 책을 쓰게 되었습니다. 책을 통해 온 천하에 복음을 전하게 되어 신납니다.

당신도 나처럼 책으로 복음을 전하기 바랍니다.

책을 쓰는 것은 하나님의 명령입니다.

"이제 가서 백성 앞에서 서판에 기록하며 책에 써서 후세에 영원히 있게 하라."(사 30:8)

세상에서 가장 귀한 복지는 영혼 구원이다

당신은 무엇을 가장 귀하게 여기고 있습니까?

나는 영혼을 살리는 일을 가장 귀하게 여기며 내 평생의 사명으로 여기고 있습니다. 그래서 나는 한 생명을 천하보다 귀하게 생각하며 어디든지 가서 복음의 기쁜 소식을 전하고 싶었습니다.

나의 원래 꿈은 노인 복지였습니다. 할머니와 함께 지냈기 때문에 노인 복지 쪽의 일을 하려고 했고 사랑의 집을 하고 싶었습니다. 노인들과 불쌍한 아이들을 돌보는 목회를 하고 싶었습니다.

그런데 하루는 주님께서 "가장 크고 귀한 복지는 영적인 복지다"라고 말씀을 주셨습니다. 그렇습니다. 모든 인생은 풀과 같고 그 영광이 풀의 꽃과 같습니다. 풀은 시들고 꽃은 떨어집니다. 하지만 하나님의 말씀 곧 복음은 세세토록 있습니다.

복음을 전해서 한 영혼이 거듭나게 하는 것, 이보다 귀한 복지는 없습니다. 나는 그 후로 말씀을 전파하므로 생명을 살리는 일을 하고 있습니다. 모든 육체는 때가 되면 죽지만 영혼은 영원히 삽니다. 영혼을 살리는 일이 가장 긴급하고 막중합니다.

"너희가 거듭난 것은 썩어질 씨로 된 것이 아니요 썩지 아니할 씨로 된 것이니 살아 있고 항상 있는 하나님의 말씀으로 되었느니라. 그러므로 모든 육체는 풀과 같고 그 모든 영광은 풀의 꽃과 같으니 풀은 마르고 꽃은 떨어지되 오직 주의 말씀은 세세토록 있도다 하였으니 너희에게 전한 복음이 곧 이 말씀이니라."(벧전 1:24~25)

나는 책을 통해 전도와 선교의 지경을 넓혔다

당신은 어떻게 전도하고 선교합니까?

내 몸은 시간과 장소에 매여 전도하고 선교하는데 한계가 있습니다. 그래서 나는 세계 어느 곳에나 내 대신 가는 책으로 전도하고 선교하고 싶다는 생각을 했습니다. 그런데 그 꿈이 실제로 이루어져 이렇게 책을 출간하게 되었습니다. 당신도 책을 쓰십시오.

나는 하나님의 자녀로서 풍성히 누리고 또 온 천하에 다니며 복음을 전파하기 위해 성령 안에서 많은 꿈과 소원을 가슴에 품고 있습니다. 그것을 다 이루려면 많은 재정이 필요합니다. 그래서 나는 하나님께 믿음으로 기도했습니다. "전능하신 하나님, 저에게 물질의 복을 주시고 하나님의 지혜와 지식을 부어 주세요."

예수님이 말씀하셨습니다. "그러므로 내가 너희에게 말하노니 무엇이든지 기도하고 구하는 것은 받은 줄로 믿으라. 그리하면 너희에게 그대로 되리라."(막 11:24) 나는 받은 줄로 믿습니다.

성경을 보니 사도 바울의 전도 여행이 멋있었습니다. 나도 그렇게 세계를 다니며 전도 여행을 하고 싶습니다. 아름다운 기도원도 지어서 갈 곳 없는 사람들과 청년들에게 복음을 전해서 깨닫게 하고 싶습니다. 내 인생을 바꾼 최고의 하나님을 찬양하며 고아들과 함께 복음의 떡을 나누는 것도 큰 행복이라 생각합니다.

이 모든 것이 하나님이 기뻐하시는 게 아닌가 생각합니다.

인생은 꿈대로 믿음대로 됩니다. 꿈도 없고 희망도 없는 내게 이런 큰 꿈을 부어 주신 하나님께 억만 번이나 감사하고 감사합니다. 나는 예수 이름으로 담대하게 명령도 내렸습니다.

"전국에 복음 센터를 세워 시대 친척들 중 한 사람도 빠짐없이 다 예수님을 믿을지어다. 다 예수님 품으로 돌아올지어다."

"형제와 친척을 괴롭히고 믿지 못하게 하는 사탄의 세력은 예수 이름으로 명하노니 다 떠나가라. 그 모든 사람이 하나님을 믿고 천국의 행복을 맛보고 천국에 가게 될지어다. 자유가 있고 기쁨이 있는 하나님 앞으로 나올지어다."

믿음은 바라는 것들의 실상입니다. 하나님은 우리가 믿음으로 바라면 다 이루어진다고 하셨습니다. 그대로 되었음을 믿습니다.

"믿음은 바라는 것들의 실상이요 보이지 않는 것들의 증거니 선진들이 이로써 증거를 얻었느니라. 믿음으로 모든 세계가 하나님의 말씀으로 지어진 줄을 우리가 아나니 보이는 것은 나타난 것으로 말미암아 된 것이 아니니라."(히 11:1~3)

가을의 문턱에서 성령님의 음성을 듣다

가을이 오는 문턱에서 나는 주님과 함께 길을 걸었습니다.

한참을 걷는데 크고 작은 장미꽃이 향기를 풍기며 나를 기쁘게 반겨 주었습니다. 이 모든 장미에는 향기가 있답니다. 마음속에서 '사랑하는 딸아, 이 장미들은 너를 위해 있어. 너를 반겨 주며 너를 기다리는 장미꽃이야'라는 생각이 들었습니다. 나는 깨달았습니다. 많은 사람이 있지만 이 장미들이 오직 나를 위하여, 나를 반겨 주는 꽃이라는 마음이 들어 감사 찬양이 흘러 나왔습니다.

나는 감동을 받고 성령님께 이렇게 말씀드렸습니다.

"성령님! 저는 내 안에서 풍겨 나와 밖으로 많은 사람들에게 기쁨을 주는 그리스도의 복음의 향기가 되고 싶습니다. 그리스도의 향기가 제 안에서 장미향처럼 진하게 풍겨 나오게 해주세요."

내 안에 실제로 살아 계신 예수님 때문에 나는 아름다운 사람이 되었습니다. 예수님은 내게 이렇게 말씀하십니다.

"내 신부야, 네 입술에서는 꿀방울이 떨어지고 네 혀 밑에는 꿀과 젖이 있고 네 의복의 향기는 레바논의 향기 같구나. 뺨은 향기로운 꽃밭 같고 향기로운 풀언덕과도 같고 입술은 백합화 같고 몰약의 즙이 뚝뚝 떨어지는구나."(아 4:11, 5:13)

당신 안에도 샤론의 꽃이신 예수님이 실제로 살아 계십니다.

그러므로 당신도 그리스도의 향기를 풍기는 아름다운 사람이 되었습니다. "왕이 침상에 앉았을 때에 나의 나도 기름이 향기를 뿜어냈구나."(아 1:12) 만왕의 왕이신 예수님이 당신의 마음의 침상에 앉아 계십니다. 성령의 기름 부음으로 말미암아 그리스도의 향기가 뿜어져 나오고 있습니다. 당신은 존귀한 사람입니다.

당신도 나처럼 하나님을 만나고 싶습니까?

당신도 나처럼 하나님을 만나고 싶습니까?

어떻게 하면 될까요? 당신의 의지를 바깥이 아닌 안으로 향하면 됩니다. 경건한 방식으로 가정을 이끌고 자녀를 잘 양육하고 공허한 쾌락을 내던져 버리세요. 단순하고 고요한 겸손을 구하십시오. 당신의 생명이 그리스도와 함께 하나님 안에 숨겨지도록 하십시오. 이것이 하나님이 원하시는 존귀한 삶입니다.

하나님께서 당신에게 어떤 것을 요청하실 때 "돈이 없다. 힘들다. 어렵다"며 거절하지 마십시오. 부요 믿음을 가지고 믿음으로 순종하십시오. 믿음으로 순종하면 하나님께서 어떻게 해야 할지 길을 알려주십니다. 믿음으로 순종한다고 문제가 없는 것은 아닙니다. 날마다 그날의 문제들이 있을 겁니다. 어떻게 하면 될까요?

순간마다 "성령님, 어떻게 할까요?"라고 물으면 됩니다. 그러면 성령님은 세미한 음성을 당신을 인도하고 지도하실 것입니다.

성령님의 음성을 들으면 두려움이 사라지고 담대해집니다.

"사랑하는 딸아, 두려워하지 말고 믿어라. 걱정하지 마라. 내가 다 채워 줄게. 크게 생각하라. 강하고 담대하라. 사람을 두려워하지 마라. 처음부터 끝까지 나만 바라보고 믿음으로 행하라."

당신이 믿음으로 하루하루 문제를 해결해 갈 때 하나님 안에서 점점 더 크게 성장할 수 있습니다. 믿음으로 굳게 서십시오. 당신에게 일어난 모든 일에 대해 감사하십시오. 이해가 안 되더라도 감사하십시오. 감사하면 행복해집니다. 불평하면 불행해집니다.

부정적인 사람들의 말을 듣지 마십시오. 부정적인 사람들의 말을 들으면 하나님 앞에 불평하게 되고 당신의 마음도 불행해집니다. 오직 성령님의 음성에만 귀를 기울이고 감사하십시오.

잠시 길에서 벗어났습니까? 다시 돌아올 때 당신은 겸손을 배우게 될 것입니다. 주님은 당신 영혼의 중심에 계십니다. 그곳에 계신 주님께로 돌아오십시오. 그분을 앙망하면 새 힘을 얻습니다.

순간마다 하나님께 자신을 항복시키십시오. 그리고 당신 자신의 힘으로 사는 것보다 그분이 주는 힘으로 사는 법을 배우십시오. 주님의 힘으로 살아가는 것을 배우면서 당신은 성장합니다.

"오직 여호와를 앙망하는 자는 새 힘을 얻으리니 독수리가 날개 치며 올라감 같을 것이요 달음박질하여도 곤비하지 아니하겠고 걸어가도 피곤하지 아니하리로다."(사 40:31)

하나님을 바라보면 하나님의 힘이 당신을 주장할 것입니다.

하나님의 힘이 당신을 주장하면 당신은 더 이상 눈에 보이는 것에 집착하지 않게 될 것입니다. 주위 사람들의 말에 흔들리지도 않게 될 것입니다. 오직 당신 안에 계신 하나님께만 매달리게 될 것입니다. 하나님과의 깊고 진실한 교제를 찾게 될 것입니다.

"그는 우리 각 사람에게서 멀리 계시지 아니하도다."(행 17:27)

하나님은 멀리 계신 것이 아니라 당신 안에 살아 계십니다.

당신 안에 하나님의 임재와 영광이 가득합니다.

성령님을 존중히 모시고 살라

초판 1쇄 인쇄 | 2017년 11월 5일
초판 1쇄 발행 | 2017년 11월 10일

지은이 | 김열방 김사라 이순귀
발행인 | 김승호
발행처 | 한결사
등록일 | 제25100-2012-000050호
주소 | 서울특별시 송파구 백제고분로 9길 6, 3층 (잠실본동 197-7)
전화 | 02)416-7869
메일 | wgec21@daum.net

ISBN 978-89-98535-06-3 03230

저작권은 '한결사'에 있으며 무단 전재와 복제를 금합니다.
본문 폰트는 '윤소호 2012 통합본'을 사용했습니다.

책값 20,000 원